T0209511

Das Online-Marketing-Cockpit

Bastian Sens

Das Online-Marketing-Cockpit

8 Phasen einer erfolgreichen Online-Marketing-Strategie

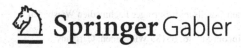

Bastian Sens
Sensational Marketing GmbH
Leverkusen, Deutschland

ISBN 978-3-658-23614-4   ISBN 978-3-658-23615-1   (eBook)
https://doi.org/10.1007/978-3-658-23615-1

Die Deutsche Nationalbibliothek verzeichnet diese Publikation in der Deutschen Nationalbibliografie; detaillierte bibliografische Daten sind im Internet über http://dnb.d-nb.de abrufbar.

Springer Gabler
© Springer Fachmedien Wiesbaden GmbH, ein Teil von Springer Nature 2019, korrigierte Publikation 2019

Springer Gabler ist ein Imprint der eingetragenen Gesellschaft Springer Fachmedien Wiesbaden GmbH und ist ein Teil von Springer Nature
Die Anschrift der Gesellschaft ist: Abraham-Lincoln-Str. 46, 65189 Wiesbaden, Germany

Vorwort – Warum benötigen Sie ein Online-Marketing-Cockpit?

„Wer sich verzettelt, schrumpft – wer sich konzentriert, wächst." Dieser Spruch ist mir im Gedächtnis geblieben. Bei einer Online-Marketing-Strategie geht es genau darum: sich zu konzentrieren und mit einem Plan das eigene Online-Marketing anzugehen. Denn das Problem ist nicht, Online-Werbemöglichkeiten zu finden, sondern die richtigen Plattformen auszuwählen und insbesondere die Inhalte zu konzipieren.

Ich bin ganz ehrlich zu Ihnen: Mir fehlte bisher immer ein Leitfaden, den ich an Kunden und andere Interessierte weitergeben konnte. Ein Leitfaden, der simpel im Sinne von präzise, komprimiert und unkompliziert ist. Deshalb habe ich mich auf die Suche begeben. Ich habe so ziemlich alle verfügbaren Bücher zum Thema Strategie, (Online-)Marketing und Vertrieb durchforstet. Doch letztlich fehlte mir dieser simple Fahrplan für die Strategieerstellung. Das war die Initialzündung, einen eigenen Fahrplan zu erstellen, der Ihnen bei der Online-Marketing-Strategie unter die Arme greift. Herausgekommen ist das Online-Marketing-Cockpit, womit Sie in nur acht Phasen Ihre eigene Strategie erstellen können. Das Wunderbare an diesem Cockpit ist außerdem, dass Sie sich dieses auf einem Whiteboard aufzeichnen oder auch später herunterladen und ausdrucken können. So haben Sie Ihre Online-Marketing-Strategie immer im Blick und handeln stets zielgerichtet:

1. **Positionierung:** Wodurch unterscheiden Sie sich von Ihren Wettbewerbern? Was ist die Identität Ihres Unternehmens? Das ist die Grundlage Ihrer Online-Marketing-Strategie. Lernen Sie die Kernpunkte einer erfolgreichen Positionierung als Unternehmen, aber auch als Arbeitgeber kennen.
2. **Zielgruppenbestimmung:** Welche Personae möchten Sie mit Ihrem Online-Marketing erreichen? Wie können Sie diese besser kennenlernen und welche Kriterien gilt es im B2C- und B2B-Bereich zu berücksichtigen? Erfahren Sie auch, welche Erkenntnisse aus dem Neuromarketing Sie nutzen können.

3. **Zielsetzung:** Welche konkreten Ziele verfolgen Sie mit Ihrem Online-Marketing? Lernen Sie die TEAM-Formel kennen, mit der Sie ehrgeizige Ziele für sich und Ihre Kollegen setzen können.

4. **Kanal- und Instrumentenauswahl:** Nach einer Kurzvorstellung der einzelnen Kanäle und Instrumente erfahren Sie, wie Sie die geeigneten Portale und Maßnahmen auswählen können.

5. **Contentauswahl und -erstellung:** Entwickeln Sie Ihre Content-Strategie für die ausgewählten Kanäle und Instrumente. Entdecken Sie die Möglichkeiten, um eine höhere Reichweite zu erreichen, in der (Kauf-)Entscheidungsphase zu unterstützen und Bestandskunden zu betreuen. Darüber hinaus erlenen Sie wichtigsten Content-Strategien aus der Verkaufspsychologie.

6. **Conversion-Optimierung:** Gewinnen Sie durch Website-Optimierungen mehr Neukunden und Bewerber. Der geeignete Rahmen muss jedoch dafür geschaffen werden. Der Conversion-Cycle ist das geeignete Mittel.

7. **Controlling:** Die gesetzten Ziele aus Phase drei werden im Controlling ganzheitlich erfasst. Doch das Controlling besteht mehr als aus Google Analytics. Entdecken Sie neue Tools, die Sie bei der Datenerfassung unterstützen.

8. **Automatisierung:** Nehmen Sie Fahrt auf und automatisieren Sie Prozesse im Online-Marketing. Erfahren Sie in dieser Phase, welche Möglichkeiten dafür existieren, und wählen Sie geeignete Tools aus.

Dieses Buch befasst sich mit dem Thema Strategie und ist daher insbesondere an Personen gerichtet, die in Unternehmen Entscheidungsträger sind:

- Marketingleiter
- PR-Manager & -Leiter
- Projektleiter E-Business
- Online-Marketing-Manager
- Geschäftsführer

Also alle, die eine erfolgreiche Online-Marketing-Strategie aufsetzen möchten und mit ihrer Website oder ihrem Online-Shop um die Aufmerksamkeit der Surfer buhlen. Die Aufmerksamkeit ist in der heutigen Zeit ein rares Gut, denn wir werden mit Informationen überladen. Über 50 % der deutschen Bürger, die ein mittelhohes bzw. hohes Ausbildungslevel haben, gaben in einer Studie[1] an, dass

---

[1]http://www.bmas.de/SharedDocs/Downloads/DE/PDF-Publikationen/a875-monitor-digitalisierung-am-arbeitsplatz.pdf?__blob=publicationFile&v=2.

sie bei der Arbeit eine schwer zu verarbeitende Menge an Informationen bewältigen müssen. Diese Menge an Informationen entsteht durch die digitalen Kommunikationswege wie E-Mails, WhatsApp & Co. Bei über 271 Millionen Domains weltweit, die alle um unsere Aufmerksamkeit kämpfen, ist das kein Wunder. Alle wünschen sich Anerkennung für ihre Arbeit. Anerkennung, die entweder monetär oder auch einfach nur zwischenmenschlich ausgedrückt wird. Für die Erreichung dieser Anerkennung bzw. der Ziele bedarf es unbedingt einer Strategie.

Strategie klingt dabei immer aufwendig und kraftraubend, doch dieses Buch wird Ihnen zeigen, dass dem nicht so ist. Dieses Buch soll Ihnen ein Wegweiser sein, sodass Sie Ihre Ziele erreichen können. Eines möchte ich jedoch vorweg erwähnen: Es werden Themen aufgegriffen, über die ganze Bücher geschrieben wurden. Sie werden hier erklärt, doch für eine feinere Ausarbeitung empfehle ich Ihnen, die weiterführende Literatur zu lesen. Dieses Buch ist der Ausgangspunkt, Ihr Heimatflughafen für Ihr erfolgreiches Online-Marketing.

Bevor wir beginnen

Vermutlich kennen Sie das von sich auch: Sind die Ziele einmal definiert, verlieren wir sie im weiteren Jahresverlauf schnell aus den Augen. So erging es mir bereits mehrfach. Oftmals geschieht das auch mit den Konzepten: Diese wurden aufwendig in Dokumenten über dutzende Seiten festgehalten, doch der Fokus fehlte im Jahresverlauf vollkommen. Im Online-Marketing, so habe ich es oft erlebt, fehlte eine grundsolide Strategie gänzlich. Um diesem Problem entgegenzuwirken, hilft Ihnen das Online-Marketing-Cockpit ungemein. Mithilfe dieses Buches werden Sie Ihre Online-Marketing-Strategie und damit für sich ein Cockpit erstellen, welches Sie stets vor Augen haben. Meine Empfehlung: Nutzen Sie ein Whiteboard und halten Sie hier Ihr Cockpit fest. Warum unbedingt ein Whiteboard? Weil das Online-Marketing und damit auch Ihr Cockpit dynamisch sind. Auf einem Whiteboard können Sie leicht Änderungen vornehmen.

Die Online-Marketing-Strategien sind für die unterschiedlichsten Unternehmen so verschieden, wie nur irgend möglich. Ein Maschinenbauer agiert gänzlich anders als ein Online-Shop für Nähmaschinen. Ich zeige Ihnen in diesem Buch die wichtigsten und effizientesten Vorgehensweisen für die Erstellung Ihrer Online-Marketing-Strategie.

Mir geht es nicht darum, Ihnen jede einzelne Komponente des Online-Marketing-Mix zu erläutern. Sie müssen lediglich die Grundprinzipien und Funktionen kennen. Die Umsetzung erfolgt ohnehin später durch Experten. Falls Sie sich dennoch zu den Themen detaillierter informieren möchten, habe ich Literaturempfehlungen am Ende jedes Kapitels für Sie zusammengestellt. Darüber hinaus finden Sie auch an vielen Stellen Links zu meinen Videoerklärungen, die ich stets aktuell halte. In diesen Videos erkläre ich Ihnen anschaulich viele einzelne Online-Marketing-Disziplinen und wie Sie diese einsetzen können.

Danksagung

Die Selbstständigkeit war beruflich die beste Entscheidung, die ich je getroffen habe. So eine Selbstständigkeit ist jedoch auch nervenaufreibend. Daher danke ich vor allem meiner Familie und meiner Freundin Hanna für die Geduld und Ermutigungen in den letzten Jahren.

Darüber hinaus bedanke ich mich auch bei meinem tollen Team von Sensational Marketing GmbH, das mir nicht nur den Rücken freigehalten hat, sondern auch insbesondere fachlich zu diesem Buch erheblich beigetragen habt.

Angela Meffert vom Springer Gabler-Verlag danke ich für die tolle Unterstützung bei der Realisierung meines dritten Buches. Elisabeth Steuber, Kai Martinus und meinen Interviewpartnern danke ich für den fachlichen Austausch und deren Optimierungshinweise, Elke Rohrbach für den textlichen Feinschliff.

Zuletzt möchte ich noch den Experten danken, die die Gastartikel zu diesem Buch beigetragen haben: Victoria Rohrbach, Roman Kmenta, Marcus Bartsch und Ania Dornheim.

Bastian Sens

Inhaltsverzeichnis

Über den Autor

Bastian Sens, Sensational Marketing GmbH. Im Jahr 2010 habe ich mich aus dem damaligen Kinderzimmer heraus selbstständig gemacht. Was ich brauchte, waren lediglich Laptop und ein Drucker. Meine Website von Sensational Marketing GmbH habe ich an einem Wochenende mit dem Website-System TYPO3 fertiggestellt. Die Idee dahinter: Wenn ich die Websites von Kunden optimieren möchte, muss ich das System von Grund auf verstehen. Ich bin ein Praktiker, kein Theoretiker.

Schon vor meiner Selbstständigkeit habe ich die Website für meine Eltern bzw. Großeltern, die einen Getränkeladen betrieben, erstellt und in Google auf Position eins für „Getränke Leverkusen" gebracht. Das machte mir damals so viel Spaß, dass ich kurz darauf meine Diplomarbeit über die Suchmaschinenoptimierung geschrieben habe. Im Jahr 2010 habe ich mich schließlich mit Sensational Marketing GmbH selbstständig gemacht.

Mittlerweile ist mein Unternehmen aus den Kinderschuhen herausgewachsen: Mit sieben Mitarbeitern betreuen wir hinsichtlich des Online-Marketings mittelständische Unternehmen, sowohl auf strategischer als auch operativer Ebene. Schon weit über 300 Projekte haben wir erfolgreich betreut, unter anderem die Websites von n-tv und 11Freunde. Die Agentur gehört zu den renommiertesten in ganz Deutschland. Darüber hinaus gebe ich zu den Themen Neukunden- bzw. Bewerbergewinnung durch Online-Marketing offene Seminare, führe Inhouse-Workshops durch, halte Vorträge an Universitäten und publiziere Videokurse, wie zuletzt bei LinkedIn Learning.

In meinen bisherigen zwei Büchern „Schluss mit 08/15-Websites" und „Suchmaschinenoptimierung" habe ich den Spaß am Schreiben für mich entdeckt. Gleiches gilt auch für dieses Buch, in welches ich ebenso viele Impulse für Ihr Unternehmen eingebracht habe.

Abbildungsverzeichnis

Tabellenverzeichnis

Beeinflussende Faktoren

1

In diesem Buch werden wir Ihre Online-Marketing-Strategie erstellen. Doch leider müssen wir uns immer bestimmten Anforderungen und Restriktionen fügen. Eine schöne Design-Thinking[1]-Übung ist sicherlich einmal, eine Strategie ohne Restriktionen durchzuführen (vgl. Gürtler und Meyer 2013, S. 52). Doch letztlich werden wir in der Realität immer ein bestimmtes Budget und personelle Ressourcen haben und mit mehreren Wettbewerbern um Aufträge ringen.

1.1 Budget

„Geld schießt Tore" ist ein übliches Sprichwort im Fußball. Bayern München ist in Deutschland unangefochten die Nummer eins in der Bundesliga. Gleichzeitig führt der Verein auch die Tabelle der Spieleretats an. Er kauft die besten Spieler der Konkurrenz auf und spielt so seine Position in Deutschland weiter aus. Gut, dass im Online-Marketing nicht immer der mit dem größten Werbeetat gewinnt. Oftmals sind es insbesondere durchdachte Konzepte, die Sichtbarkeit in der Online-Welt erhalten. So schafft es beispielsweise das Bonner Unternehmen True Fruits regelmäßig, durch clevere Ideen die Aufmerksamkeit der Zielgruppe zu erhalten. Insbesondere durch polarisierende Plakatwerbung (siehe Abb. 1.1) konnte ebenfalls online (speziell durch Social-Media-Portale) eine hohe

---

[1]Design Thinking ist ein Ansatz zur kreativen Lösungsfindung. Dabei werden Mitarbeiter aus unterschiedlichen Disziplinen zusammengebracht, die eine Fragestellung gemeinsam erörtern. Der Vorteil daran ist die unterschiedliche Sichtweise der Mitarbeiter. Die ausgearbeiteten Konzepte werden schließlich mehrfach anhand von Prototypen geprüft.

© Springer Fachmedien Wiesbaden GmbH, ein Teil von Springer Nature 2019
B. Sens, *Das Online-Marketing-Cockpit*,
https://doi.org/10.1007/978-3-658-23615-1_1

Oralverzehr

– schneller kommst Du nicht zum

Samengenuss.

Chia #samensaft von true fruits.

Abb. 1.1 Werbung von True Fruits. (Quelle: True Fruits GmbH o. J.)

Sichtbarkeit erreicht werden. Der große Wettbewerber Innocent, der zu 90 % zu Coca-Cola gehört (vgl. Wikipedia o. J.) hat in der Sichtbarkeit oft das Nachsehen.

Ein gewisses Budget sollte natürlich für Ihr Online-Marketing bereitstehen. Es ist jedoch nicht das ausschlaggebende Merkmal erfolgreicher Kampagnen. Sie werden nach den ersten Phasen sehen, dass mit einer guten Positionierung, gepaart mit kreativen Inhalten, auch mit einem geringen Budget die gesteckten Ziele erreichbar sind. Darüber hinaus definieren Sie für sich, was Ihnen ein Kunde wert ist bzw. wie viel Umsatz ein Kunde im Laufe der Zeit bei Ihnen generiert. Für Sie ist der Return on Investment ROI) wichtig. Dieser muss positiv ausfallen. Solange das der Fall ist, können Sie immer eine größere Investition in Online-Marketing rechtfertigen.

1.2   Mitbewerbersituation

Im späteren Verlauf dieses Buches vertiefen wir Ihre Position im Markt. Doch an dieser Stelle möchte ich bereits auf dieses Thema eingehen. Wie beeinflusst Ihr Wettbewerb Ihr Geschäft? Der viel diskutierte Versicherungsmakler Mehmet E. Göker kaufte damals den gesamten Interessentenbestand von privaten

Versicherungsnehmern auf, um so den Markt zu beherrschen (vgl. Göker und Schommers 2015). Das ist eine sehr harte Vorgehensweise. In der heutigen Zeit der Online-Portale läuft das unterschwellig anders. Oder auch irgendwie nicht: Online-Händler, die vor Jahren noch Gewinne erwirtschaftet haben, sehen sich heute abhängig von Amazon. Hoteliers, die 2011 noch Direktbuchungen erhielten, sind heute oft von Booking & HRS abhängig. Auch wenn Sie die Portale nicht als direkte Konkurrenten sehen, buhlen Sie online um die Aufmerksamkeit der Surfer – mitunter auch in Konkurrenz zu den Portalen, die in Google vielleicht vor Ihnen stehen.

1.3 Personelle Ressourcen

Wie viele personelle Ressourcen Sie für die Umsetzung der Online-Marketing-Strategie benötigen, können wir zu diesem Zeitpunkt noch nicht bestimmen. Sicherlich steht dies auch mit dem zur Verfügung stehenden Budget in Korrelation, doch nicht ausschließlich. Wichtig sind insbesondere vordefinierte Prozesse, die eine Struktur für das dynamische Online-Marketing vorgeben. Sie werden in diesem Buch einige Strukturen vorfinden, die Sie für Ihre Arbeit übernehmen können. Agiles Projektmanagement wird meiner Meinung nach für das Online-Marketing immer wichtiger. Das Tempo ist rasant. Das Generieren und Testen von neuen Ideen ist essenziell. Schaffen Sie Prozesse in Ihrem Unternehmen, die dieses Tempo unterstützen – einen Rahmen bieten. Dann sind personelle Ressourcen (intern oder extern) keine bedeutsame Restriktion.

Ein gesundes Unternehmen mit einer fortlaufend aktuellen Positionierung und attraktiven Bedingungen wird auch in der Zukunft qualifiziertes Personal finden. Wichtig ist nur, dass der Fokus auf die Arbeitgeberattraktivität mit der Zeit nicht abflacht. Das ist ein stetiger Verbesserungsprozess, in dem die Mitarbeiter, zum Beispiel im Rahmen von Design-Thinking-Prozessen, mitgestalten dürfen.

Literatur

Göker, M., & Schommers, C. (2015). *Die Wahnsinnskarriere des Mehmet E. Göker*. München: FinanzBuch.
Gürtler, J., & Meyer, J. (2013). *30 Minuten design thinking*. Offenbach: Gabal.
True Fruits GmbH. (o. J.). Sag „Ja" zur Orangenhaut. https://www.true-fruits.com/presse.html. Zugegriffen: 16. Aug. 2018.
Wikipedia. (o. J.). *Innocent drinks*. https://de.wikipedia.org/wiki/Innocent_drinks. Zugegriffen: 16. Aug. 2018.

Das Online-Marketing-Cockpit – 8 Phasen

2

Das Cockpit ist Ihr Wegweiser für ein erfolgreiches Online-Marketing. Entwickeln Sie Schritt für Schritt Ihre Strategie. Gehen Sie auch gern noch einen Schritt zurück, ergänzen Sie etwas. In der ersten und zweiten Phase passiert es mir häufig, dass ich aufgrund der Zielgruppe die Positionierung noch etwas verfeinere. Mit der Zeit entwickeln Sie neue Ideen und entdecken die Zusammenhänge zwischen den einzelnen Phasen.

Manche Phasen können Ihnen Freude bereiten, manche sind potenziell langwierig. Doch ich möchte Sie ermuntern: Wenn Sie das Cockpit fertig ausgefüllt haben, werden Sie richtig Vorfreude auf Ihr Online-Marketing haben. Als Entscheidungsträger sind Sie für die Ergebnisse verantwortlich. Daher müssen Sie das große Ganze im Blick haben und deshalb ist das Cockpit ein so wichtiges Tool. Schreiben Sie es sich auf ein Whiteboard und halten Sie es dauerhaft in Ihrem Blickfeld. Alternativ können Sie sich das Cockpit unter https://bastiansens. de/outcockpit herunterladen und ausdrucken (Abb. 2.1).

© Springer Fachmedien Wiesbaden GmbH, ein Teil von Springer Nature 2019
B. Sens, *Das Online-Marketing-Cockpit*,
https://doi.org/10.1007/978-3-658-23615-1_2

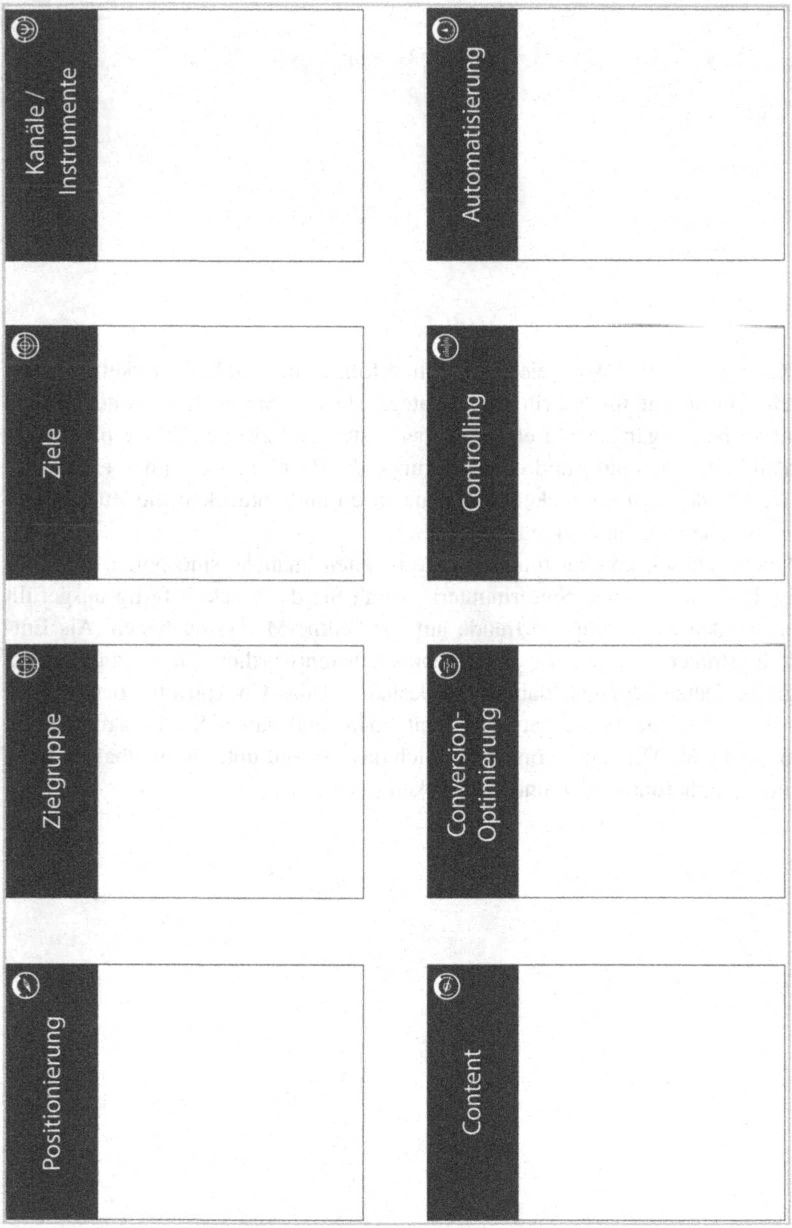

Abb. 2.1 Das Online-Marketing-Cockpit

2.1   Phase 1: Positionierung

Was hat die Positionierung Ihres Unternehmens mit einer Online-Marketing-Strategie zu tun? Sie müsste doch eher eine Bedingung sein, ob eine Online-Marketing-Strategie erfolgreich sein kann oder nicht. Dem stimme ich teilweise zu, dennoch habe ich mich entschieden, die Positionierung in das Cockpit aufzunehmen. Der Grund ist einfach: Mit der Positionierung steht und fällt der Erfolg aller Maßnahmen im Online-Marketing. Sie können noch so viel Traffic durch Suchmaschinenoptimierung oder Content-Marketing erreichen. Was bringt es Ihnen, wenn dieser Traffic nicht konvertiert?[1] Auch wenn Sie ein gut laufendes Unternehmen haben, das von Empfehlungen lebt und stetig wächst: Online kann der Wettbewerb schärfer sein, alle Unternehmen können heutzutage schnell und einfach verglichen werden. Google sei Dank.

Doch auch wenn Ihr Unternehmen für das Online-Marketing bereits jetzt gerüstet ist, halten Sie Ihre Positionierung in dieser Phase einmal schriftlich fest. Das Cockpit bietet Ihnen und potenziell Ihrem Team einen Wegweiser für sämtliche Online-Marketing-Handlungen.

---

[1]Konvertieren bedeutet, dass die Besucher zu Anfragen, PDF-Downloads, Bestellungen oder Bewerbungen führen.

2.1.1   Wo greift eine gute Positionierung online?

Die Antwort auf diese Frage ist ganz simpel: überall. Ich gebe Ihnen einige Beispiele:

* Surfer suchen in Google nach „Nähmaschine online kaufen": Für welches
  Suchergebnis entscheiden sich die Surfer? Je nach Zielgruppe (dazu kommen
  wir noch in Abschn. 2.2) klicken sie auf ein Suchergebnis, weil das Produkt so
  günstig oder der angepriesene Mehrwert ansprechend ist. Diese Informationen
  können Sie in der Meta-Description der Webseite hinterlegen.
* Surfer sehen ein Banner, welches Teil einer Google-Ads-Kampagne ist. Was
  ist das Versprechen? Warum sollen die Surfer darauf klicken? Und selbst wenn
  sie nicht klicken, was sollen sie im Gedächtnis behalten?
* Surfer kommen auf den Online-Shop. Warum sollten sie unbedingt hier kaufen?
  Wenn die Surfer den Shop mit anderen Shops vergleichen: Was ist das Besondere
  an diesem Shop? Warum sollten die Surfer sich überhaupt an den Shop erinnern?
* Potenzielle Bewerber kommen durch eine StepStone-Anzeige auf die Website.
  Welchen Mehrwert bietet das Unternehmen? Kann sich der Surfer mit dem
  Unternehmen identifizieren?

Die Liste können wir unendlich fortführen. Die Positionierung ist die Basis des
Online-Erfolgs. Sicherlich gehören später die richtige Auswahl der Online-Kanäle
und die Gestaltung der Inhalte zu den wichtigen Aspekten Ihrer Arbeit, dennoch
sehe ich die Positionierung ganz klar als den größten Hebel für Ihren Online-Erfolg.
Damit steht und fällt das Online-Marketing. Es wird viel einfacher und profitabler
für Sie sein, Online-Marketing zu betreiben, wenn Ihre Positionierung stimmt.

2.1.2   Kostenführer oder Differenzierer?

Versteht sich Ihr Unternehmen eher als Porsche oder Dacia? Oder dazwischen?
Letzteres wäre langfristig der Tod Ihrer Firma, denn das Mittelmaß ist
unprofitabel! Der Bestsellerautor Michael E. Porter hat für die Positionierungs-
strategie die Unterscheidung von Differenzierer (Porsche) und Kostenführer
(Dacia) verdeutlicht (vgl. Abb. 2.2).
  Wo stehen Sie mit Ihrem Unternehmen? Entscheiden Sie sich für eine Seite und
gestalten Sie entsprechend alle Prozesse, Touchpoints mit den Kunden, die Mit-
arbeiterauswahl usw. Das ist Ihre grundlegende Positionierung! Hinzu kommt, dass
Sie im Mittelmaß auch immer einen größeren Konkurrenzgrad haben. Opel kämpft
heftig um Marktanteile, Porsche hingegen ist hochprofitabel. In der heutigen

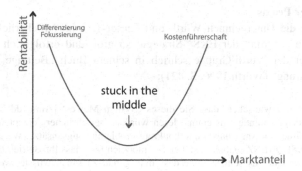

Abb. 2.2 Positionierungsstrategien nach Porter. (Quelle: In Anlehnung an Porter 2013)

Zeit sind Unternehmen aufgrund des Internets leicht vergleichbar. Schnell werden die Preise geprüft. Wenn Sie dann nicht der Günstigste sind, müssen Sie sich durch besondere Merkmale vom Wettbewerb abheben. Unternehmen mit einer starken Positionierung „bekennen sich radikal zu ihren Prinzipien, begegnen ihren Kunden auf Augenhöhe und begreifen Positionierung als Daueraufgabe, die es abseits des Tagesgeschäftes regelmäßig zu überprüfen gilt", schreibt Hermann Wala (2016, S. 262) in seinem Buch „Meine Marke".

Suchen Sie daher eher Bereiche, die weniger umkämpft sind und in denen Sie Ihrer Zielgruppe einen großen Mehrwert bieten können. Um solche Bereiche zu finden, kann ich Ihnen die EKS®-Strategie empfehlen.

2.1.3   EKS® – Engpasskonzentrierte Strategie

Der Betriebswirt und Autor Wolfgang Mewes hat eine Strategie entwickelt, die auf einem einfachen Prinzip basiert: Werden Sie die Nummer eins in einer Nische und lösen Sie dort die Probleme Ihrer Kunden. Mewes nannte dies die „Engpass-konzentrierte Strategie" (EKS®) und schuf damit den Grundstein für eine neue Betrachtung von Markt und Wettbewerb, die vor allem von einer Frage geprägt ist: Welchen Nutzen hat mein Tun? Mewes Strategie beinhaltet vor allem vier Grundprinzipien (vgl. Friedrich et al. 2009):

1. Konzentration der Kräfte auf Stärkenpotenziale, Abbau von Verzettelung (kein Bauchladen)
2. Orientierung der Kräfte auf eine engumrissene Zielgruppe
3. In die Lücke (Marktnische) gehen
4. Sich ins Detail der Problemlösung einarbeiten, Marktführerschaft anstreben

EKS® in der Praxis

Kennen Sie die Unternehmen Würth und Kieser-Training? Sicherlich. Sie sind insbesondere aufgrund der EKS®-Strategie so groß und erfolgreich geworden. Der Gründer der Würth-Gruppe schrieb in seinem Buch „Beiträge zur Unternehmensführung" (Würth 1996, S. 421):

> Ich würde mir wünschen, dass Sie dieses ,System Mewes' [Anm. dd. Verf.: die EKS] monatlich mindestens einmal lesen würden. Bei ehrlicher Akzeptanz finden Sie eine Fülle von Anregungen und konkrete Problemlösungsansätze. Werden diese MIT KONSEQUENZ realisiert, stellen Sie plötzlich fest, dass Ihr Betrieb läuft oder noch besser läuft als seither, ohne dass man genau zu sagen wüsste, woher dies eigentlich kommt.

Würth schaffte ein Unternehmen, das sich voll und ganz auf die Probleme seiner Zielgruppe konzentriert. Im B2B-Geschäft! Bei vielen Handwerks- und Kfz-Unternehmen bestand das Problem, dass sie laufend Schrauben und weiteres Befestigungs- und Montagematerial benötigten. Dieses Problem löst Würth, indem das Unternehmen seinen Kunden anbietet, ein Regalsystem aufzustellen, worin sich die Ersatzteile befinden und welches stetig von Würth aufgefüllt wird. Der Kunde muss sich um die Ersatzbeschaffung nicht mehr kümmern. Das bedeutet für die Kunden eine erhebliche Erleichterung hinsichtlich der Beschaffungskosten und der Zeit für die Materialsuche. Der Engpass wurde gelöst!

Im B2C-Bereich eröffnete Werner Kieser 1966 sein erstes Fitnessstudio in Zürich. Er konzentrierte sich auf ein Problem seiner Zielgruppe: Rückenschmerzen. Benötigte man dafür eine Sauna oder eine Bar? Nicht zwingend. Kieser bot ein reduziertes Angebot an, das ganzheitlich nur ein Ziel hatte: einen starken und gesunden Rücken (vgl. Friedrich et al. 2009). Damals wie heute kämpfen so viele Fitnessstudios um Neukunden, doch Kieser-Training ist unangefochten die Nummer 1 – als Spezialist. Hochprofitabel und stetig wachsend – seit über 50 Jahren.

2.1.4   Merkmale einer funktionierenden Positionierung

Wie können Sie für Ihr Unternehmen prüfen, ob Ihre Positionierung funktioniert? Dafür habe ich Ihnen fünf Leitfragen aufgeführt, die Sie alle mit „ja" beantworten sollten:

1. Ihr Unternehmen wächst jährlich mindestens um 10 % (vgl. Würth 1996, S. 179).
2. Ihr Unternehmen erwirtschaftet einen zufriedenstellenden Gewinn.
3. Sie erhalten zahlreiche Weiterempfehlungen von begeisterten Kunden.

4. Sie finden leicht neue Mitarbeiter.
5. Sie können Ihr Unternehmen in drei einfachen Sätzen erklären und sich ganz klar von Ihrem Wettbewerb abgrenzen.

Konnten Sie alle Fragen mit ja beantworten? Sehr gut, dann tragen Sie bitte Ihre Positionierung in Ihr Cockpit ein. Einfache Stichworte, die Ihr Unternehmen maßgeblich beschreiben, genügen.

Sie konnten nicht alle Fragen mit ja beantworten? Kein Problem! Ich habe Ihnen nachstehend drei Leitaufgaben der EKS® aufgeführt, um Ihre Positionierung umzugestalten:

- Beschreiben Sie Ihre lukrativste Nische, Ihr Zielsegment und Ihre Zielkunden (Ihren Wunschkunden).
- Beschreiben Sie das brennendste Problem bzw. den größten Engpass Ihrer Zielgruppe.
- Beschreiben Sie Ihren Lösungsansatz für dieses Problem.

Wenn Sie den brennendsten Engpass Ihrer Zielgruppe herausgefunden haben, werden Sie nicht nur im Online-Marketing erfolgreicher sein. Sie werden selbstverständlich auch zufriedenere Kunden und ein schnelleres Wachstum erreichen können. Dies verdeutlicht Abb. 2.3.

Neben dem Engpass sollten Sie selbstverständlich weitere Aspekte in Ihre Positionierung einfließen lassen. Diese Aspekte unterstützen Ihre Positionierung als Problemlöser und sollten insbesondere auch Ihre Unternehmensidentität widerspiegeln. Positionierungsbeispiele für den B2B- und den B2C-Bereich finden Sie in Abb. 2.4 und Abb. 2.5.

Für die einzelnen Merkmale, die Sie auf einer Skala von null für niedrig bis zehn für hoch definieren, finden Sie nachstehend kurze Erläuterungen. Sie können auch gerne ein bis zwei Mitbewerber eintragen, um Ihre Positionierung im Verhältnis zu Ihrem Umfeld festzuhalten.

- **Beratung**: Bieten Sie Ihren Kunden und Interessenten eine ausführliche oder keine (persönliche) Beratung an?
- **Design**: Ist das Design Ihres Produktes einfach oder hochwertig?
- **Dienstleistung**: Bieten Sie Ihren Kunden weitere Dienstleistungen, wie einen Reparaturservice, an?
- **Einkaufserlebnis**: Begeistert das Einkaufserlebnis Ihre Kunden, ist es eher neutral oder ist es sogar schwierig, Ihre Produkte zu kaufen? Bei Amazon ist das Einkaufserlebnis beispielsweise, dass man sehr einfach und schnell Produkte einkaufen kann. Die Rücksendung der Produkte ist ebenfalls sehr einfach.

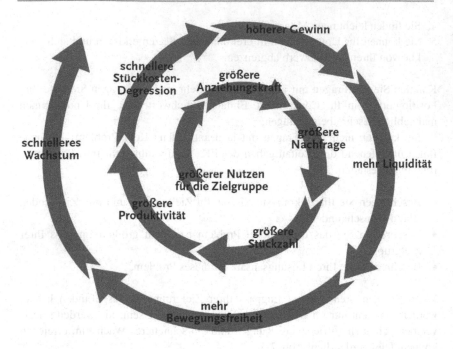

Abb. 2.3 Nutzen- vor Gewinnmaximierung. (Quelle: Friedrich et al. 2009, S. 45)

- **Individualisierung**: Werden Ihre Produkte bzw. Dienstleistungen individuell für jeden Kunden angefertigt oder sind sie eher „von der Stange"?
- **Leistungsumfang**: Bieten Sie umfangreiche Leistungen an oder sind diese fokussiert auf eine Aufgabe?
- **Luxus/Exklusivität**: Haben Ihre Produkte oder Dienstleistungen eine exklusive Anmutung oder ist sie eher schlicht?
- **Massentauglichkeit**: Können Sie Ihre Produkte oder Dienstleistungen beliebig skalieren oder sind sie begrenzt durch die Individualität?
- **Preis**: Sind Ihre Produkte bzw. Dienstleistungen eher hoch- oder niedrigpreisig?
- **Qualität**: Bieten Sie eine sehr hohe oder geringe Qualität an?
- **Standardisierung**: Haben Sie Ihre Prozesse hoch standardisiert oder wird jeder Fall individuell behandelt?
- **Support**: Bieten Sie Ihren Kunden einen umfangreichen oder keinen Support an?
- **Technologisierung**: Ist die Produktion digitalisiert oder sind einige Prozesse noch „offline"?
- **Zusatzleistungen**: Können Ihre Kunden weitere Zusatzleistungen bei Ihnen beziehen oder nicht? Eine Zusatzleistung eines Autohauses ist beispielsweise beim Kauf eines Neuwagens die Anmeldung bei der Kfz-Zulassungsstelle.

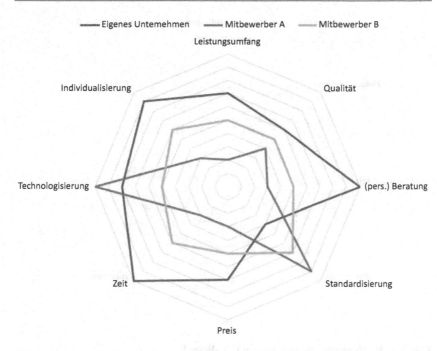

Abb. 2.4 Positionierungsbeispiel für den B2B-Bereich

2.1.5   Positionierung als attraktiver Arbeitgeber

Falls Sie sich neben mehr Neukunden auch mehr qualifizierte Bewerber wün-schen, dann sollten Sie Ihr Online-Marketing-Cockpit entsprechend erweitern: Wie sieht Ihre Positionierung als Arbeitgeber aus? Essenziell bleibt selbstver-ständlich Ihre generelle Positionierung, die wir in dieser Phase bereits behandelt haben. Diese Positionierung sollten Sie für Arbeitnehmer erweitern. (Poten-zielle) Kunden interessieren sich nicht zwingend dafür, ob die Mitarbeiter eine angenehme Work-Life-Balance oder frisches Obst erhalten. Für Mitarbeiter wiederum spielt die generelle Unternehmenspositionierung eine Rolle: Ob Sie Marktführer sind, ob Sie Spitzenqualität oder günstige Ware anbieten, ein Familienunternehmen führen oder ein aufstrebendes Start-up sind, das eine ganze Branche disruptieren möchte. Diese Positionierung spielt für Arbeitnehmer stets eine große Rolle und geht damit Hand in Hand mit Ihrer Arbeitgeber-positionierung.

Wie können Sie Ihre Arbeitgeberpositionierung finden? Der Ausgangspunkt dafür ist die *interne Analyse:*

Abb. 2.5 Positionierungsbeispiel für den B2C-Bereich

Bevor man eine Employer Brand ableiten kann, ist zunächst die Wahrnehmung aus interner Sicht zu erfassen. Konkret geht es darum festzustellen, was Mitarbeiter als charakteristische Merkmale der Marke sehen, wie sie Stärken und Schwächen der Marke wahrnehmen und wie sie wesentliche Markenwerte beurteilen. Zusätzlich ist zu ermitteln, wie stark die Identifikation mit dem Unternehmen ist, die Werte also tatsächlich auch gelebt werden (Esch et al. 2014, S. 38).

Anschließend wenden Sie sich der *externen Analyse* zu: Welche Positionierung nimmt Ihr Wettbewerb ein und wie können Sie sich von diesem abgrenzen? Darüber hinaus bieten Ihnen zahlreiche Studien Hinweise auf die Charakteristika von ausgezeichneten arbeitnehmerfreundlichen Unternehmen. In einer Studie von Great Place to Work erhielten die besten Arbeitgeber in folgenden Bereichen überdurchschnittliche Bewertungen (vgl. o. V. 2017):

- Besondere und attraktive Sozialleistungen
- Maßnahmen zur Förderung der Gesundheit
- Angemessene Beteiligung am Erfolg
- Ermutigung zur Work-Life-Balance

• Anerkennung für gute Arbeitsleistungen
• Angebote zur beruflichen Weiterbildung und Entwicklung

Für Ihre Positionierung als Arbeitgeber können Sie daraus bereits erste wichtige Schlüsse ziehen. Konkreter wird es für Sie, wenn wir die Positionierungsmöglichkeiten nach Stolz und Wedel-Klein (2013) heranziehen. Sie unterscheiden bezüglich der Positionierung zwischen rationalen/kognitiven und affektiven/emotionalen Komponenten. *Beide Komponenten sollten sich zwingend in Ihrer Positionierung wiederfinden.* In Tab. 2.1 finden Sie die rationalen/kognitiven Komponenten, die Sie dahingehend für sich untersuchen sollten, welche zu Ihrem Unternehmen passen. Definieren Sie für sich ebenfalls, welchen Nutzen die Arbeitnehmer bei Ihrem Unternehmen haben.

Darüber hinaus sind die affektiven/emotionalen Komponenten für die Positionierung ebenfalls sehr wichtig. Diese werden in der nächsten Phase der Zielgruppe noch weiter beleuchtet. Denn eine Zielgruppe muss nicht immer ein Kunde sein. Die Zielgruppe kann und soll auch ein Bewerber sein, den Sie für

Tab. 2.1 Rationale/kognitive Komponenten der Positionierung. (Quelle: In Anlehnung an Stolz und Wedel-Klein 2013, S. 92)

Positionierungsfeld/ Komponente	Nutzenelement
Ausland/Internationalität	Arbeiten in internationalen Teams, regelmäßige Auslandsreisen, Arbeiten in mindestens einer Fremdsprache
Kompensation	Hohes Einstiegsgehalt, schnelle Gehaltsprogression, viele Urlaubstage, Aktienoptionen
Reputation	Bekannte, erfolgreiche Marke, Mitarbeiter gelten als Elite, guter Ruf als Arbeitgeber, großes Unternehmen
Work-Life-Balance	Kinderbetreuung durch das Unternehmen, Freizeit- und Sportaktivitäten, Teilzeitarbeit, Gleitzeit
Herausfordernde Aufgaben	Selbstständiges und kreatives Arbeiten, schnelle Projektverantwortung, Budget- und Personalverantwortung
Unternehmensethik	Gesellschaftliche Verantwortung, Werte, aktiver Umweltschutz, hohe Identifikation mit Produkten/Dienstleistungen
Arbeitsatmosphäre	Guter Vorgesetzter, freundschaftliches Arbeitsklima, Teamkultur
Zukunftsfähigkeit/ Innovationskraft	Zukunftsfähigkeit der Branche, gute Referenzen durch ehemalige Mitarbeiter
Entwicklungsperspektiven	Karriereperspektiven, gute Aufstiegs-/ Entwicklungsmöglichkeiten
Flache Hierarchien	Flache Hierarchien, sichere Arbeitsverhältnisse

sich definieren. Wir treffen unsere Entscheidungen zu über 70 % emotional (Häusel 2014). Entsprechend sollten Sie Ihre Positionierung ebenfalls hinsichtlich der emotionalen Komponente definieren:

- modern
- elitär
- fördernd
- innovativ
- erfolgreich
- dynamisch
- kreativ
- flexibel
- international

Weitere emotionale Ausprägungen können Sie in der zweiten Phase (der Zielgruppenbestimmung) des Cockpits definieren. Das Cockpit sollte für Sie kein starres, sondern ein dynamisches Konstrukt sein. Das Online-Marketing ist ebenfalls dynamisch. Bringen Sie die Dynamik in Ihre Strategie.

Ihr Online-Marketing-Cockpit

Halten Sie Ihre Positionierung in Ihrem Online-Marketing-Cockpit fest. Sind Sie Differenzierer oder Kostenführer? Wofür steht Ihr Unternehmen? Was macht es so besonders? Worauf wird Ihre Online-Marketing-Strategie letztlich basieren? Notieren Sie sich Begriffe zu Ihren Werten, der Identität und Ihrer Kultur.

Notieren Sie sich einfache Stichpunkte, die Ihnen später als Wegweiser für weitere Maßnahmen und Strategieentwicklungen gelten. In Kap. 3 finden Sie drei Praxisbeispiele, an denen Sie sich orientieren können.

Weiterführende Literatur
- Esch, F-R. (2017). Strategie *und Technik der Markenführung*. München: Vahlen.
- Esch, F-R., Knörle, C., & Strödter, K. (2014). *Internal Branding: Wie Sie mit Mitarbeitern Ihre Marke stark machen*. München: Vahlen.
- Friedrich, K., Malik, F., Seiwert, L., & Mewes, W. (2009). *EKS® – Das große 1x1 der Erfolgsstrategie: EKS® – Erfolg durch Spezialisierung. Offenbach: Gabal*.
- Gassmann, O., Frankenberger, K., & Csik, M. (2016). Geschäftsmodelle entwickeln: 55 innovative Konzepte mit dem St. Galler Business Model Navigator. München: Hanser.

- Lewrick, M., Link, P., & Leifer, L. (2018). *Das Design Thinking Playbook: Mit traditionellen, aktuellen und zukünftigen Erfolgsfaktoren.* München: Vahlen.
- Sawtchenko, P. (2014). *Positionierung – das erfolgreichste Marketing auf unserem Planeten: Das Praxisbuch für ungewöhnliche Markterfolge.* Offenbach: Gabal.
- Stolz, W., & Wedel-Klein, A. (2013). *Employer Branding: Mit Strategie zum bevorzugten Arbeitgeber.* München: Oldenburg.
- Wala, H., & Burda, H. (2016). *Meine Marke: Was Unternehmen authentisch, unverwechselbar und langfristig erfolgreich macht.* München: REDLINE.

2.2   Phase 2: Zielgruppenbestimmung

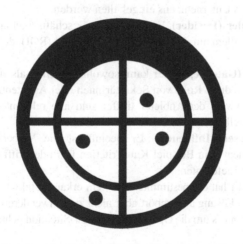

Sie haben bereits Ihre Positionierung definiert. Im nächsten Schritt definieren Sie, wen Sie mit Ihrem Angebot ansprechen möchten. Ein gutes Hilfsmittel für eine zielgerichtete Ausrichtung Ihres Online-Marketings ist das Erstellen von Personae. Eine Persona ist eine fiktive Person, die dennoch konkrete Eigenschaften besitzt und stellvertretend für die Menschen Ihrer Zielgruppe steht. Denn einfach nur zu definieren, dass diese beispielsweise Engländer über 60 Jahre alt und wohlhabend sind, wäre nicht zielführend: Sie würden damit sowohl Prinz Charles als auch Ozzy Osbourne erreichen. Extrem unterschiedliche Typen, die

Sie jeweils unterschiedlich ansprechen müssten. Deshalb ist die Personadefinition
so extrem wichtig! Spezifizieren Sie Ihre Persona so gut es geht.
Welche Eigenschaften können Sie definieren? Zunächst ist festzuhalten, dass
Sie es selbst dann, wenn Sie im B2B-Bereich tätig sind, immer noch mit Menschen zu tun haben, die Ihre Dienstleistungen oder Produkte kaufen. Daher gilt
es generell, menschliche Eigenschaften für B2B- und B2C-Zielgruppen zu definieren. Bei B2B-Zielkunden gibt es nur eine Spezialität: Sie haben oftmals mehrere Personen in einem Unternehmen, die an einer Kaufentscheidung beteiligt
sind und die mit ihren Charaktereigenschaften, Glaubenssätzen und positions-
bezogenen Interessen mitwirken. Diese Personen werden klassisch als Buying
Center bezeichnet, womit die Gruppe der am Entscheidungsprozess beteiligten
Personen zusammengefasst wird (vgl. Böttcher 2014):

- **Der Anwender (User)**: Er muss mit einer Lösung täglich leben und damit
  umgehen. Deshalb möchte er die eigenen Arbeitsabläufe verbessern oder ver-
  einfachen.
- **Der Einkäufer (Buyer)**: Er sorgt dafür, dass Preisvorstellungen und andere
  Konditionen des Unternehmens eingehalten werden.
- **Der Entscheider (Decider)**: Er ist für das Geschäftsergebnis verantwortlich
  und achtet vor allem auf den Return on Investment (ROI), den die angebotene
  Lösung bringt.
- **Der Wächter (Gatekeeper)**: Er kann sowohl Türöffner als auch Türschließer
  sein. Meist wird diese Rolle von SekretärInnen oder AssistentInnen ausgefüllt,
  die eine Vorauswahl der Anbieter treffen und alle relevanten Informationen
  sammeln und aufbereiten.
- **Der Beeinflusser (Influencer)**: Er beeinflusst die Vorbereitung der Entscheidung. Er legt zum Beispiel Kaufkriterien fest oder trifft eine Vorauswahl
  von möglichen Lieferanten.
- **Der Initiator**: Er hat ein bestimmtes Problem erkannt und löst die Beschaffung
  einer passenden Lösung aus, gehört aber nicht zur Anwendergruppe. Er tritt häufig dann auf, wenn es um die Optimierung der Ist-Situation geht.

Oftmals haben Sie in der Anfangsphase zwei Personae: den User und den Gatekeeper. Diese recherchieren im Internet und tauschen sich aus. Wenn Sie zu diesem Zeitpunkt nicht in die Vorauswahl kommen, werden Sie auch nicht Teil der
Kaufentscheidung sein. Sie müssen also bei diesen beiden Personae sichtbar sein –
durch Online-Marketing. Sie sprechen diese beiden Personen primär an. Es kann
teilweise auch in Unternehmen vorkommen, dass eine Person mehrere Positionen
im Buying Center innehat, was wiederum Ihr Online-Marketing erleichtern kann.

Denn dann müssen Sie „nur" noch eine Person erreichen und bei ihr positiv im
Gedächtnis bleiben.

▶   **Tipp** Interviewen Sie mindestens zwei bis drei Wunschkunden hin-
    sichtlich deren Entscheidungsprozess, wie sie aufgestellt sind, welche
    Rollen existieren und anhand welcher Kriterien Sie selbst ausgewählt
    wurden. Auf andere Untersuchungsmöglichkeiten Ihrer Personae
    werde ich im weiteren Verlauf dieses Kapitels noch näher eingehen.

2.2.1   Limbic Map®

Bevor wir mit der Personabeschreibung beginnen, möchte ich Ihnen eine weitere
Dimension der menschlichen Deklaration vorstellen: die emotionale Dimension.
Der Psychologe und Vordenker auf dem Feld des Neuromarketings, Dr. Hans-
Georg Häusel, stellt in seinen Forschungen und Publikationen heraus, dass über
70 % aller Entscheidungen emotional getroffen werden (Häusel 2014). Er kommt
zu dem Schluss, dass wir, „wenn wir eine Kaufentscheidung treffen, das Erlebnis [haben], bewusst selbst zu entscheiden. Aber dieses Erlebnis ist, wie die Hirn-
forschung sagt, eine ‚Benutzer-Illusion'" (Häusel 2011, S. 234).

Das limbische System
Der von der Gruppe Nymphenburg angewandte und geschützte Neuromarketing-
Ansatz Limbic® geht – wie die Abb. 2.6 zeigt – von drei Bedürfnissen aus, die
unsere (Kauf-)Entscheidungen und im Grunde unser gesamtes Verhalten steuern:

- Balance
- Dominanz
- Stimulanz

Die Entscheidung findet dabei maßgeblich im sogenannten limbischen System in
unserem Gehirn statt. Zwischen diesen Bedürfnissen finden sich sogenannte Misch-
formen, die die ebenfalls Motivfelder beinhalten, die das Verhalten auslösen:

- Disziplin/Kontrolle
- Fantasie/Genuss
- Abenteuer/Thrill

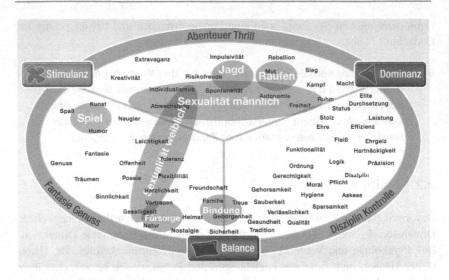

Abb. 2.6 Limbic Map® nach Dr. Häusel, Gruppe Nymphenburg Consult AG. (Quelle: Gruppe Nymphenburg o. J.)

Ordnen Sie Ihre Zielgruppen ein
Was heißt das alles nun für Ihr Online-Marketing? Ganz einfach: Nutzen Sie die Prinzipien des limbischen Systems. Ordnen Sie Ihre Zielgruppen anhand dieser Bedürfnisse und Motivationen ein. Entweder machen Sie das nach eigener Einschätzung der Personen oder Sie lassen die Personen den Limbic Test durchführen: https://bastiansens.de/outlimbic. Es sollten mindestens fünf Personen sein, um ein repräsentatives Ergebnis zu erhalten.

2.2.2 B2C- und B2B-Personabeschreibung

Mithilfe der Abb. 2.7 und Abb. 2.8 können Sie Ihre Personae beschreiben. Es sollten nur nicht mehr als fünf Personae sein. Wenn Sie im B2B-Bereich tätig sind, sollten Sie die Abb. 2.8 heranziehen. Als nächsten Schritt sollten Sie aber auch die Abb. 2.7 für die ein oder zwei wichtigsten Personen im Buying Center so gut wie möglich deklarieren.

Falls Sie mehrere Marken betreuen, sollten Sie natürlich für jede Marke mindestens eine und maximal fünf Personae deklarieren.

Neben den Eigenschaften Ihrer Persona sollten Sie sich auch beispielhaft ein Bild von Ihrem Zielkunden aus dem Internet herunterladen (zum Beispiel über

Makro-Kriterien	Mikro-Kriterien	Marketingspezifische Kriterien

• Gründungsjahr
 	
• Branche
 	
• Unternehmensgröße
  • Umsatz
  • Mitarbeiter
 	
• Einkaufsvolumen
 	
• Rechtsform
 	
• Standort
	• Strategische Ausrichtung
	  • Innovationsführer/-folger
	  • Regionaler, nationaler,
	    internationaler Fokus
	
	• Vorhandensein von
	  bedarfsorientierten Faktoren
	  • Fuhrpark
	  • F&E-Abteilung
	  • Werbe-Abteilung
	  • Personal-Abteilung
	
	• Bonität
	• Führungskräfte/Entscheider
	
	• Buying-Center-Struktur
	  • Gatekeeper
	  • Entscheider
	  • Beeinflusser
	  • Einkäufer
	  • User
	  • Initiator
		• Produktebene
		  • Qualitäts-/Marken-
		    orientierung
		  • Ver- bzw. Gebrauchsintensität
		  • Verbundkaufverhalten
		  • Anbieterloyalität
		
		• Preisebene
		  • Preisorientierung/
		    -bewusstsein
		  • Preisschwellen
		  • Bonität
		
		• Distributionsebene
		  • Einkaufsstättenpräferenzen
		  • Online-/Offline-Affinität
		  • Distributorloyalität
		
		• Kommunikationsebene
		  • Informationsquellen
		  • Informationssuchverhalten
		
		• Personenebene
		  • Qualifikationsniveau

Abb. 2.7 Kriterien zur Beschreibung einer B2C-Persona. (Quelle: in Anlehnung an Kreutzer 2017, S. 189)

Demografische Kriterien	Psychografische Kriterien	Marketingspezifische Kriterien

• Geschlecht
 	
• Familien-Lebenszyklus
  • Alter
  • Familienstand
  • Haushaltsgröße
  • Haushaltsstruktur
 	
• Soziale Schicht
  • Bildung
  • Beruf
  • Einkommen
  • Werteorientierung
  • Subkultur
 	
• Geografische Merkmale
  • Wohnortgröße
  • Region
  • Kaufkraftniveau
  • Stadt/Land
  • Infrastrukturdichte
	• Persönlichkeitsmerkmale
	  • Soziale Orientierung
	  • Risikofreude/-scheu
	  • Entscheidungsverhalten
	
	• Lifestyle, geprägt durch
	  • Werte
	  • Aktivitäten
	  • Interessen
	  • Meinungen
	
	• Limbic-Map®-Einordnung
		• Produktebene
		  • Qualitäts-/Marken-
		    orientierung
		  • Ver- bzw. Gebrauchsintensität
		  • Verbundkaufverhalten
		  • Anbieterloyalität
		
		• Preisebene
		  • Preisorientierung/
		    -bewusstsein
		  • Preisschwellen
		  • Bonität
		
		• Distributionsebene
		  • Einkaufsstättenpräferenzen
		  • Online-/Offline-Affinität
		  • Distributorloyalität
		
		• Kommunikationsebene
		  • Informationsquellen
		  • Informationssuchverhalten
		
		• Personenebene
		  • Qualifikationsniveau

Abb. 2.8 Kriterien zur Beschreibung einer B2B-Persona. (Quelle: In Anlehnung an Kreutzer 2017, S. 191)

https://unsplash.com/ oder https://stock.adobe.com) und neben die Personadefinition setzen. Geben Sie Ihrer Persona zuletzt einen Namen. So bekommt die vorher noch recht schwammige Zielgruppe Kontur und Sie sprechen nun gezielt Menschen an statt eine anonyme Gruppe – das wird sich in der Qualität Ihres Marketings zeigen.

In Abb. 2.9 sehen Sie eine beispielhafte Persona. Petra, eine Frau aus Köln, 58 Jahre alt mit ihren Charaktereigenschaften, Hobbys und favorisierten Marken.

Je besser Sie Ihre Zielgruppe kennen, desto besser können Sie Ihr Online-Marketing darauf ausrichten. In der vorherigen Phase, der Positionierung, haben Sie Ihr Unternehmen klar definiert und vom Wettbewerb abgegrenzt. Ihre Zielgruppe haben Sie bereits bestmöglich ermittelt. Sie repräsentiert Ihren Wunschkunden. Um Ihre Zielgruppe nun so zu definieren, dass Sie eine Schablone bzw. Persona für Ihre Online-Marketing-Maßnahmen erhalten, benötigen wir eine ganz konkrete Beschreibung der Zielgruppe. Seien Sie hierbei penibel. Achten Sie auf jede Kleinigkeit. Für Ihre Recherchen können Sie folgende Quellen heranziehen:

- Persönliche Interviews
- Online-Befragungen
- Studien
- Ergebnisse von Marktforschungen
- Facebook Audience Insights
- Google Analytics

Personadefinition

➤ Name: Petra
➤ Alter: 58 Jahre
➤ Wohnort: Köln
➤ Familienstand: Verheiratet, 2 Kinder
➤ Hobbies: Nähen, Tennis
➤ Surfverhalten: Eltern.de, Tennis.de, Youtube.de
➤ ...

Abb. 2.9 Beispiel für eine vereinfachte Personadefinition. (Quelle: https://unsplash.com/)

Persönliche Interviews
Das ist der klassische Weg: Nutzen Sie die Abb. 2.7 oder Abb. 2.8 für sich und
befragen Sie Ihren Kunden. Notieren Sie sich die einzelnen Fakten zu der Person.

Online-Befragungen
Mithilfe von Surveymonkey.com können Sie schnell und einfach Online-Befragungen durchführen. Stellen Sie die Befragung jedoch nicht auf Ihre Website,
denn dann könnte jeder die Fragen beantworten. So werden Sie auch Antworten von
Personen bekommen, die nicht Ihr Wunschkunde sind. Sie möchten A- und B-Kunden (mit Potenzial zum A-Kunden) generieren, die Ihre Wunschkunden repräsentieren. Versenden Sie die Online-Befragung als Link per E-Mail an die Kunden, die
Ihre Wunschkunden sind. Dann werden Sie die relevanten Antworten erhalten.

Die qualitativ hochwertigste Forschung ist die Primärforschung, die in den
meisten Fällen von professionellen Marktforschungsunternehmen durchgeführt
wird. Für einige Grundfragen zu diesem Thema konnte ich Michael Di Figlia
gewinnen. Er ist Geschäftsführer der DTO Consulting GmbH (dto-research.de).

Interview mit Michael Di Figlia zum Thema „Ergebnisse von Marktforschungen"
Wie kann die Marktforschung bei der Zielgruppenanalyse helfen? Marktforschung gibt Auskunft über Märkte und Marktakteure sowie deren Besonderheiten. Um eine valide Zielgruppenanalyse zu erstellen, ist es wichtig, den
eigenen Zielmarkt genau zu kennen und objektive Informationen über die relevanten Zielgruppen zu erhalten. Unternehmensinterne Informationen oder Einschätzungen der eigenen Mitarbeiter sind leider oft zu subjektiv.

Marktforschung in diesem Bereich kann eine klassische Zielgruppenbefragung
sein oder in komplexeren Fällen eine ganze Marktanalyse. Zu unterscheiden
gilt es hier jedoch, ob man eine Zielgruppenanalyse im B2B- oder B2C-Bereich durchführen möchte. In erstem Fall ist die Informationslage meist deutlich
schlechter.

In der MAFO-Card-Studie „Der Wert von Daten – Was passiert eigentlich mit
Marktforschungsergebnissen?" wurde erstmalig untersucht, welchen Stellenwert
Marktforschung bei in Deutschland tätigen Unternehmen hat. Eine Lightversion
der Ergebnisse ist kostenfrei über https://bastiansens.de/outmafo verfügbar.

Ist die klassische Marktforschung noch zeitgemäß? Das kommt ganz darauf an, was man unter klassischer Marktforschung versteht und was die genaue
Fragestellung ist. Sicherlich kann in der Konsumentenforschung gerade im
Onlinebereich mittlerweile viel von Unternehmen wie Google oder Amazon

substituiert werden. Auch die über soziale Netzwerke und die von den Unternehmen selbst durchgeführte Marktforschung gewinnt mehr und mehr an Bedeutung. Jedoch werden die aktuellen Trends und Entwicklungen die klassische Marktforschung über Institute nicht gänzlich ersetzen können. Was aber in den letzten Jahren immer deutlicher wurde, ist der gestiegene Anspruch der Kunden. Auch Marktforschungsinstitute müssen sich weiterentwickeln. Dies gilt insbesondere für den Beratungsanteil innerhalb der Projekte. Während früher die reine Datenerhebung ausreichte, wird es mehr und mehr wichtig, den gesamten Projektkontext zu verstehen und Kunden auch hinsichtlich der Datenverwendung zu beraten. Dies gilt insbesondere für komplexe Fragestellungen in B2B-Projekten.

Wie umfangreich muss eine Marktforschung sein? Man kann sagen, dass es nicht „die Marktforschung" gibt. Marktforschung sollte immer individuell auf die Bedürfnisse des Datenverwenders (Kunde) abgestimmt sein. Deshalb wird der Beratungsanteil innerhalb der Projekte auch zunehmend wichtiger. Man muss das Problem des Kunden wie ein Arzt die Probleme seiner Patienten genau verstehen, um die richtige Diagnose stellen zu können. Hieraus ergeben sich auch der Umfang und die gewählte Methode. Oft werden wir nach der Repräsentativität der Marktforschung gefragt. Diese ergibt sich ebenfalls aus der genauen Fragestellung und muss nicht das „Maß aller Dinge" sein. Eine Marktforschung sollte auf jeden Fall eine Antwort auf die wichtigsten Fragestellungen geben. Ob diese letztendlich online, face-to-face oder telefonisch durchgeführt werden sollte und ob eine bestimmte Stichprobengröße notwendig ist, entscheidet der Einzelfall.

Bieten sich Marktforschungen für alle Branchen an? Grundsätzlich kann man dies wohl bejahen. Jedoch ist der Stellenwert von Marktforschung aus Kundensicht sehr unterschiedlich. Im letzten Jahr haben wir hierzu eine Studie durchgeführt. Hier haben drei Viertel der befragten Unternehmen angegeben, dass sich Marktforschung für bestimmte Branchen besonders gut eignet. Allerdings sind valide Marktinformationen wichtige Planungsgrundlagen für alle Branchen. Es kommt hier wahrscheinlich eher auf den Umfang und die Ausprägung der Marktforschung an.

Studien In der Sekundärforschung finden Sie Studien für Ihren Fachbereich, aber auch für den allgemeinen Online-Bereich. Wie hoch ist der Anteil der über 65-Jährigen, die mobil surfen und einkaufen? Lohnt sich damit eine Investition von Google-Ads-Werbung für diese Zielgruppe? Das können Sie aufgrund der folgenden Herausgeber von Studien aufdecken:

- http://www.ard-zdf-onlinestudie.de/
- http://www.bvdw.org/der-bvdw/studien-statistiken.html
- http://de.statista.com/
- http://www.nielsen.com/de/de.html
- https://www.consumerbarometer.com/
- https://www.gfk-verein.org/studienuebersicht

Facebook Insight Audiences
Wie viele Personen aus Ihrer Persona können Sie über Facebook erreichen? Welche Interessen haben diese? Facebook stellt Ihnen diese Informationen zur Verfügung! Wie auch viele andere Social-Media-Portale bietet Facebook mit Insight Audiences (https://www.facebook.com/ads/audience_insights) ein Tool zur Analyse der Facebook-User an. Es können verschiedene Grundgesamtheiten untersucht werden:

- alle Facebook-User
- Fans einer Seite
- Teilnehmer eines Events
- Custom Audiences (hierbei können Sie Ihre eigenen Kontakte wie Newsletter-Abonnenten oder Kundendaten hochladen und analysieren)

Es können dabei sehr interessante Informationen zu den Zielgruppen analysiert werden, unter anderem:

- Demografische Daten (Alter, Geschlecht, Beziehungsstatus, Beruf)
- Informationen zu Interessen
- Ortsdaten für Promotions und Veranstaltungen
- Kaufinformationen und Kaufverhalten

Diese Informationen werden anonymisiert bzw. gruppiert übertragen, sodass personenbezogene Rückschlüsse ausgeschlossen sind.

Google Analytics
Auch mithilfe von Google Analytics können Sie Ihre Website-Besucher und damit Ihre Zielgruppe analysieren. Beispielsweise alle Personen, die bei Ihnen bestellt oder angefragt haben: Welche demografischen Merkmale weisen diese auf? (Abb. 2.10)

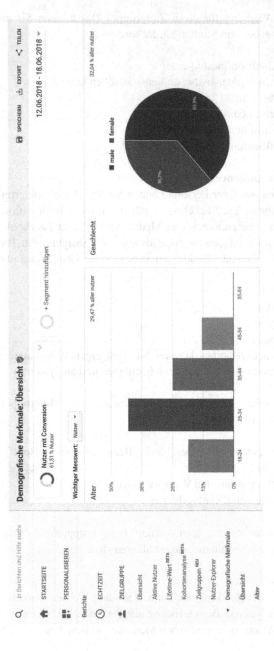

Abb. 2.10 Analyse der demografischen Daten in Google Analytics (Google und das Google-Logo sind eingetragene Marken von Google Inc., Verwendung mit Genehmigung). (Quelle: Google Analytics o. J.)

Aktivieren Sie dafür zunächst „Demografische Daten aktivieren" unter „Verwaltung – Property-Einstellungen". Anschließend werden zukünftige (nicht historische) Nutzer hinsichtlich ihrer demografischen Merkmale analysiert. Klicken Sie dafür auf „Zielgruppe – Demografische Merkmale – Übersicht". Interessant wird die Untersuchung insbesondere dann, wenn Sie daraufhin in den Segmenten (über der Grafik) anstatt „Alle Nutzer" das Segment „Nutzer mit Conversion" aktivieren. Voraussetzung dafür ist, dass Sie das Conversion-Tracking in Google Analytics umgesetzt haben. Falls Sie dies noch nicht gemacht haben, empfehle ich Ihnen, dieses Video von Google anzusehen: https://bastiansens.de/outconv.

Eine Word-Schablone für Ihre Persona habe ich Ihnen zum Download bereitgestellt:

- B2C: https://bastiansens.de/outb2ctemplate
- B2B: https://bastiansens.de/outb2btemplate

Alternativ können Sie auch das Online-Tool zur Personaerstellung von Hubspot nutzen: https://www.makemypersona.com/

▶ **Tipp** Falls die Mitarbeitergewinnung ebenfalls ein wichtiger Aspekt Ihrer Online-Marketing-Strategie sein soll, dann empfehle ich Ihnen, die Personae ebenfalls zu definieren und in Ihr Cockpit aufzunehmen. Interviewen Sie einfach aktuelle Mitarbeiter – mit deren Zustimmung. Wichtig ist dabei auch die Einschätzung hinsichtlich der Limbic Map®. Das sollten Sie für jede zu besetzende Stelle durchführen. Es wird nicht nur Ihr Online-Marketing beflügeln, sondern auch die Anzahl der passenden Bewerbungen erhöhen. Falls Sie an dieser Stelle neue Aspekte vermerken, die für Ihre Positionierung hilfreich sind, dann ergänzen Sie diese in der ersten Phase des Cockpits.

Ihr Online-Marketing-Cockpit

Schreiben Sie schließlich in Ihr Online-Marketing-Cockpit, welche Personae Sie ansprechen möchten. Notieren Sie sich auch Eckpunkte der Personae, wie zum Beispiel aus der Limbic Map „Dominant", und deren brennendsten Engpass.

Das Cockpit soll eine Zusammenfassung der konkreten Ausarbeitung Ihrer Personae in den Word-Templates sein. Sie verinnerlichen die Personadeklarationen und können zukünftig alle Maßnahmen und Strategien für Ihre Zielgruppe effizient angehen. Notieren Sie sich einfach wichtige Stichpunkte. Diese geben Ihnen Orientierung.

Falls Sie mehr als fünf Personae (inkl. der potenziellen Bewerber) definiert haben, notieren Sie zumindest die Namen in Ihrem Cockpit.

Weiterführende Literatur
- Häusel, H. G. (2014). *Think limbic. Die Macht des Unbewussten nutzen für Management und Verkauf.* Freiburg: Haufe.
- Häusel, H. G. (2018). *Buyer Personas: Wie man seine Zielgruppen erkennt und begeistert.* Freiburg: Haufe.
- Kreutzer, R. T. (2017). *Praxisorientiertes Marketing – Grundlagen – Instrumente – Fallbeispiele.* Wiesbaden: Springer Gabler.

2.3   Phase 3: Zielsetzung

Im Jahr 1979 wurde an der Harvard-Universität eine zehnjährige Studie über den Werdegang von Absolventen durchgeführt. Daraus resultieren sehr verblüffende Ergebnisse, die das Setzen von Zielen offensichtlich unabdingbar machen (vgl. Tracy 2018):

- 83 % der Harvard-Absolventen setzten sich keine Ziele für ihre berufliche Karriere
- 14 % der Absolventen setzten sich Ziele, hatten diese jedoch nicht schriftlich fixiert. Diese 14 % verdienten zehn Jahre nach ihrem Abschluss durchschnittlich das Dreifache der Absolventen, die keine Ziele definierten.
- Nur drei Prozent der Harvard-Absolventen hatten ganz konkrete (!) Ziele für ihre Karriere definiert und hatten diese auch schriftlich fixiert. Das Erstaunliche: Sie verdienten mehr als die übrigen 97 % zusammen!

Ziele geben Menschen eine Richtung vor und alle Ressourcen werden darauf ausgelegt, die Ziele zu erreichen. Das sehen Sie ganz deutlich in der Studie der Harvard-Universität. Ziele geben uns eine Orientierungs- und Lenkungsfunktion (vgl. Kreutzer 2017). Insbesondere dann, wenn mehrere Personen, wie in einem Unternehmen, zusammenarbeiten, brauchen sie ein gemeinsames Ziel, um alle Kräfte zu bündeln. Sie können auch neue Kräfte freisetzen, wie bei unserer Fußballnationalmannschaft 2014 beim WM-Sieg. Letztlich haben wir aber auch erst durch das schriftliche Festsetzen der Ziele die Möglichkeit, die eigene und fremde Leistung zu beurteilen.

2.3.1 Zielarten

Bevor Sie abheben, müssen Sie zuerst bestimmen, wohin Sie fliegen wollen. Dabei empfehle ich Ihnen, zu Beginn eine Mittelstrecke auszuwählen. Übertragen auf Ihr Unternehmen: Wo möchten Sie in zwei bis vier Jahren stehen? Ich beziehe mich hierbei auf Ihr Unternehmen im Allgemeinen, also auf Ihre Unternehmensziele. Was möchten Sie in zwei bis vier Jahren erreichen? Das ist der Ausgangspunkt Ihrer Online-Marketing-Strategie. Natürlich wäre eine noch langfristigere Unternehmensplanung möglich, jedoch erachte ich das in Zeiten des digitalen Wandels als nicht mehr zeitgemäß. Wir befinden uns in einem Umfeld, welches so dynamisch ist, dass es eine langfristige Planung kaum mehr möglich macht. Es ist also nicht sinnvoll, Ihren Umsatz für sieben Jahre im Voraus zu prognostizieren.

Interessant ist hingegen die Vorstellung eines bestimmten Ereignisses oder Status in der weiteren Zukunft. Der Profitennisspieler Novak Djokovic hat mit sechs Jahren den Traum gehabt, einmal das Finale von Wimbledon zu gewinnen. Diese Vision hat ihn so extrem angetrieben, dass er selbst während der Bombardierung im Rahmen des Jugoslawienkriegs mehrere Stunden täglich für seine Vision trainiert hat (vgl. Djokovic 2014). Er hat sein Leben riskiert, um zu trainieren, um seine Vision zu realisieren. Auch wenn er noch ein Kind war, verdeutlicht diese Geschichte die Stärke einer Vision. Übertragen auf Unternehmen bedeutet das: Setzen Sie sich eine Vision, um Ihnen und Ihren Mitarbeitern ein Bild vor Augen zu führen. Ein Bild, wonach alle gleichermaßen handeln. Falls Sie dieses noch nicht haben, sollten Sie zumindest Ihre Kernwerte definieren. Eine ganz simple Wertbeschreibung hat beispielsweise ALDI SÜD auf seiner Website durchgeführt: https://bastiansens.de/outaldi.

Weitere Beispiele für Visionen sind:

- **IKEA**: „„Einen besseren Alltag für die vielen Menschen schaffen', das ist die IKEA Vision. Unsere Geschäftsidee lautet: ‚Ein breites Sortiment formschöner und funktionsgerechter Einrichtungsgegenstände zu Preisen anzubieten, die so günstig sind, dass möglichst viele Menschen sie sich leisten können'." (Ikea o. J.)
- **Audi**: „Drei globale Megatrends prägen die Mobilität der Zukunft: Digitalisierung, Nachhaltigkeit und Urbanisierung. Wir haben die richtigen Antworten auf diese Megatrends. Wir haben einen klaren strategischen Plan, um unseren Vorsprung durch Technik zu behaupten. Wir haben das Potenzial, die Mobilität zu revolutionieren. Wir gestalten ‚The New Premium'."
- **Sixt**: „Meine nächste Vision ist: Jeder Kunde verlässt unseren Schalter mit einem Lächeln. Dann wären wir unschlagbar." (Kreutzer 2017 S. 4)

Aufgrund dieser Vision bzw. der Kernwerte Ihres Unternehmens können Sie Ihre mittelfristigen Unternehmensziele bestimmen. Davon leiten sich anschließend die Ziele der Unternehmensbereiche, wie die Online-Marketing-Ziele, ab.

Für den Bereich des Online-Marketings können Sie die Ziele spezifizieren, indem Sie definieren, was für die Zielerreichung förderlich ist. Im Marketing benötigt die Zielgruppe durchschnittlich sieben Kontakte mit Ihrer Marke, bis sie bei Ihnen anfragt oder bestellt (Geffroy 2015) – zumindest bei einer komplexen Kaufentscheidung. Das fängt beispielsweise bei der Google-Suche an und hört bei der Newsletter-Zusendung auf. Abb. 2.12 verdeutlicht Ihnen diese Hierarchie der Ziele. Sie stellt die Konkretisierung der untersten Stufe der Abb. 2.11 dar.

Abb. 2.11 Zielpyramide eines Unternehmens

Abb. 2.12 Zielpyramide des Online-Marketings

An oberster Stelle stehen die wirtschaftlichen Ziele im Online-Marketing. Das Online-Marketing soll für die Unternehmensbereiche Marketing und Personal maßgeblich die Zielerreichung unterstützen. Aufgrund der Anzahl von Bewerbern und Leads werden auf der untersten Stufe in Abb. 2.12 die Subziele erhoben.

2.3.2 Online-Marketing-Zieldefinition

Wir leiten also die Online-Marketing-Ziele von den Unternehmenszielen ab. Und weil Sie nicht nur Online-, sondern auch Offline-Marketing durchführen, leiten Sie die Ziele auch anteilig von dem Unternehmensbereich Marketing ab. Für die Herleitung dieser wirtschaftlichen Ziele empfehle ich Ihnen, folgende Fragen schriftlich zu beantworten:

- Wie viel Umsatz möchten Sie im Zeitraum X erwirtschaften?
- Wie hoch ist demnach Ihr Umsatzwachstum im Zeitraum X?
- Wie viele Neukunden sind dafür notwendig (abgeleitet von Ihrem durchschnittlichen Kundenwert über die durchschnittliche Dauer, die der Kunde bei Ihnen bleibt)?
- Wie hoch soll der Anteil des Umsatzes sein, der über das Online-Marketing erwirtschaftet werden soll?

Jetzt sind Sie bereits in der Lage, Ihre mittelfristigen Online-Marketing-Ziele zu definieren:

- Wie viel Umsatz soll die Website im Zeitraum X generieren?
- Wie viele Anfragen (Telefonanrufe, E-Mails etc.) oder Bestellungen sind dazu nötig?
- Wie viele Besucher werden benötigt, um die Anzahl der Anfragen zu erreichen (im Internet ist eine Konversionsrate – vom Besuch zur Anfrage – von einem bis drei Prozent üblich)? Falls Sie Google Analytics oder ein ähnliches Trackingsystem und das Conversion-Tracking einsetzen, können Sie Ihre konkrete Kennzahl hier einsetzen.

So banal diese Rechnung auch ist, wird sie in den meisten Online-Marketing-Strategien nicht angewendet. Dabei kennen wir selbst die Wirkung der Zielsetzung nur zu gut: Der Fußball-Weltmeistertitel 2014 war das große Ziel unserer Mannschaft. Spieler wurden für das Spielsystem ausgewählt, Trainingseinheiten und -pläne konzipiert. Es wurden Teilziele, wie zum Beispiel die WM-Qualifikation, gesetzt und Spieler getestet. Dieser absolute Zielfokus brachte den WM-Titel nach Deutschland.

Beispiel: Umsatzzielsetzung

Nehmen wir an, Sie möchten im kommenden Jahr einen Umsatz von zehn Millionen Euro erwirtschaften. Ein Kunde bleibt durchschnittlich fünf Jahre bei Ihrem Unternehmen und generiert Ihnen einen Umsatz von 100.000 Euro. Da Sie im aktuellen Jahr einen Umsatz von acht Millionen Euro prognostizieren, beträgt das Wachstum 25 % bzw. zwei Millionen und damit 20 Neukunden. Zuletzt müssen Sie bestimmen, über welche Vertriebswege Sie diesen Umsatz generieren: Empfehlungen, Telefonverkauf, Website usw.

Der für die Website zugesprochene Anteil wird jetzt konkretisiert: Sie benötigen insgesamt 20 Neukunden, die Ihnen ein Wachstum von 25 % bescheren. Über die Website sollen 15 Neukunden generiert werden, die restlichen fünf Neukunden über Empfehlungsmarketing. Ihre Website wird pro Jahr von 1.500 Personen besucht. Ihre Konversionsrate beträgt daher ein Prozent. Um Ihr Ziel zu erreichen, können Sie jetzt sowohl die Anzahl der Besucher als auch die Konversionsrate durch Conversion-Rate-Optimierung steigern.

Bewerber als Ziel

Abgeleitet von den Umsatzzielen des Unternehmens können Sie ebenfalls Ihre Personalplanung durchführen. Wie viel Personal benötigen Sie, wenn Sie die anvisierten Ziele erreichen möchten? Wie viele Auszubildende, Studenten und Vollzeitkräfte werden für bestimmte Bereiche benötigt? Bemühen Sie dafür auch wieder die eigenen Statistiken, welchen Prozentsatz Sie ansetzen müssen: Wie viele Bewerbungen sind durchschnittlich notwendig, um eine Stelle zu besetzen?

Sobald Sie diese Fragen beantwortet haben, können Sie als Ziel definieren, wie viele Bewerbungen über das Online-Marketing generiert werden sollen.

2.3.3   Große Ziele vs. realistische Ziele

Ziele nach der SMART-Formel zu definieren, ist uns geläufig. Das Akronym bedeutet, dass Ihre Ziele wie folgt definiert sein sollten:

- S = Spezifisch
- M = Messbar
- A = Akzeptiert
- R = Realistisch
- T = Terminiert

Das Modell ist einleuchtend, doch ist es in der Praxis oft unbrauchbar. Stellen Sie sich vor, dass Sie sich als realistisches Ziel eine Umsatzsteigerung des Produktes X von zehn Prozent im kommenden Jahr setzen. Das ist machbar und für alle Mitarbeiter nachvollziehbar. Doch wirkt das so richtig motivierend? Oftmals werden dann nur 80 % des gesetzten Ziels erreicht. Das bedeutet also ein Umsatzwachstum von acht Prozent. Ich persönlich habe nur gute Erfahrungen mit dem Setzen von großen Zielen gemacht.

Dieses Buch richtet sich im Kern an Entscheidungsträger, also Menschen, die in ihrem Beruf etwas erreichen möchten. Sie möchten sich und ihr Team zum Erfolg führen. Sie möchten potenziell Besonderes erreichen und nicht im Mittelmaß stecken. Das schaffen Sie meiner Meinung nach nur mit dem Stecken von großen Zielen. Auch wenn teilweise Phasen der Enttäuschung und Frustration aufkommen werden, treiben die großen Ziele uns alle an. Blicken Sie in solchen Zeiten auch einmal zurück und schauen Sie, was Sie schon alles erreicht haben. Tendenziell wird das erheblich mehr sein, als wenn Sie sich nur kleine Ziele gesteckt hätten.

Wenn Sie sich große Ziele setzen möchten, dann sollten diese nicht mehr SMART sein. Sie sollten sich nach meiner Definition TEAM-Ziele setzen:

- T = Terminiert
- E = Ehrgeizig
- A = Akkurat
- M = Messbar

Beispielsweise könnten Sie ein Ziel definieren, wie „zehnfache Umsatzsteigerung für das Produkt X in drei Jahren". Mit dieser Zielsetzung haben Sie die vier wichtigen Aspekte der großen Zielsetzung erfüllt:

- Terminiert: in drei Jahren
- Ehrgeizig: zehnfache Umsatzsteigerung
- Akkurat: für das Produkt X
- Messbar: Die Umsatzsteigerung wird anhand des Umsatzes für das Produkt X ausgewiesen.

Ihr Online-Marketing-Cockpit

Setzen Sie sich schließlich Ihre Online-Marketing-Ziele und fügen Sie diese in Ihr Online-Marketing-Cockpit ein. Schreiben Sie jedoch nicht nur 100 % Umsatzsteigerung auf, sondern notieren Sie sich die Ziele nach der TEAM-Formel.

Weiterführende Literatur
- Tracy, B. (2010). *Thinking Big: Von der Vision zum Erfolg*. Frankfurt am Main: Campus.
- Tracy, B. (2018). *Ziele: Setzen Verfolgen Erreichen*. Frankfurt am Main: Campus.

2.4   Phase 4: Kanal- und Instrumentenauswahl

Die Auswahl an möglichen Online-Marketing-Kanälen und -Instrumenten ist groß. In diesem Kapitel geht es darum, für Sie die richtigen Kanäle und Instrumente herauszufinden. Welche sind die richtigen? Dieser Frage müssen wir uns schrittweise nähern. Bevor wir zur Auswahl gelangen, gilt es, die möglichen Kanäle und Instrumente zu definieren, die Vor- und Nachteile abzuwägen und mögliche Tools zur eigenen und wettbewerbsorientierten Analyse vorzustellen.

2.4.1   SEO

Die Suchmaschinenoptimierung (Search Engine Optimization bzw. kurz SEO) hat das Ziel, eine höhere Sichtbarkeit in Suchmaschinen zu erreichen. Die SEO ist eine Teildisziplin des Suchmaschinenmarketings (Search Engine Marketing bzw. SEM) und wird in zwei Bereiche unterteilt: die Onsite- und Offsite-Optimierung. Onsite-Optimierung bedeutet die inhaltliche und technische Optimierung Ihrer Website und Offsite die Steigerung der externen Verlinkungen.

Oberstes Ziel der Suchmaschinen ist es, dem Suchenden stets das beste Suchergebnis zu liefern, sodass dieser genau das findet, wonach er sucht. Das Ranking der erfolgreichsten Suchmaschinen wird in Deutschland seit vielen Jahren von Google angeführt. Das belegt Tab. 2.2 mit den Marktanteilen.

Tab. 2.2 Suchmaschinen-Marktanteile in Deutschland für Mai 2018. (Quelle: gs. statcounter.com)

Suchmaschine	Desktop	Mobile
Google	87,76 %	98,47 %
Bing	8,86 %	0,48 %
Yahoo	1,57 %	0,61 %
Andere	1,43 %	0,37 %

Sie sehen ganz deutlich, dass SEO für Google am sinnvollsten ist. Dort sind Ihre Maßnahmen am effizientesten. Grundsätzlich gilt es für Sie jedoch auch zu prüfen, ob die Bing-Suchenden für Sie höhere Conversion-Rates generieren. Dies können Sie beispielsweise in Google Analytics prüfen. Sollte das der Fall sein, ist eine spezielle Betrachtung und Optimierung für Bing besonders interessant. Gleichzeitig kann jedoch festgestellt werden, dass Bing und die anderen Suchmaschinen das Bewertungssystem von Google adaptiert haben. Optimieren Sie für Google, optimieren Sie auch für die anderen Suchmaschinen. Kleinere Unterschiede existieren jedoch. Diese Analyse ist für Sie insbesondere für Suchmaschinenwerbung interessant, ob Sie also Bing-Ads schalten sollten oder nicht. Dazu werden Sie im nächsten Abschnitt mehr erfahren.

International SEO

Ist Ihr Unternehmen international ausgerichtet und wünscht sich weltweit eine bessere Sichtbarkeit in Suchmaschinen, dann ist eine spezifischere Betrachtung der Marktanteile durchzuführen. Denn Google hat zwar in Westeuropa, Afrika und Amerika einen extrem hohen Marktanteil, das sieht jedoch speziell in Russland und China anders aus: In Russland ist die Suchmaschine Yandex mit einem Marktanteil von 54,96 % und China mit 66,53 % jeweils Marktführer.

Keywordrecherche

Grundsätzlich können wir festhalten, dass Ihre Personae tendenziell in Google sucht – zumindest, wenn wir von Deutschland ausgehen. Ob sie auch nach Ihren Produkten oder Dienstleistungen bzw. Jobtiteln suchen, das können Sie mithilfe von Google Ads prüfen. Sicherlich können Sie die Tools von XOVI, Searchmetrics und Sistrix oder keywordtool.io nutzen, doch möchten Sie am liebsten direkt wissen, ob aus diesem Traffic auch Conversions generiert werden können. Daher empfehle ich stets, die Keywordideen in Google Ads einzubuchen und in einem kurzen Zeitraum (vier bis acht Wochen) zu überprüfen. So lernen Sie in kürzester Zeit Ihre Zielgruppe besser kennen: Sucht sie nach Ihrem Produkt oder Ihrer Dienstleistung? In welchen Phasen der Kaufentscheidung sucht sie? Welche

Keywords führen zu Conversions? Alternativ können Sie auch SEO-Tools (siehe den nachstehenden Abschnitt „Tools") nutzen, um eine erste Analyse hinsichtlich der Suchvolumina für Ihre Keywords durchzuführen.

Vorteile

- **Nachhaltige Investition:** Durch die Optimierungsmaßnahmen erreichen Sie bessere Suchmaschinenpositionen, die wiederum zu kostenlosen Klicks führen. Im Gegensatz zu Google Ads zahlen Sie nicht pro Klick.
- **Budget fließt in Ihre Struktur:** Die Texte für SEO und die technischen Optimierungen sind alle nachhaltig und gehören Ihrem Unternehmen.
- **Performanceorientiert:** Der Traffic kann detailliert hinsichtlich der eingegebenen Suchbegriffe und deren Auswirkungen wie Umsatz analysiert werden.

Nachteile

- **Erfolge schwer planbar:** Durch die Abhängigkeit von Google und Ihren Wettbewerbern ist eine konkrete Konzeption hinsichtlich der Zeitplanung und des ROI schwer vorauszusehen.
- **Analyse der Zielgruppe teils problematisch:** Google verbirgt in der Google Search Console bzw. Google Analytics immer mehr die Suchbegriffe, über die die Zielgruppe auf Ihre Website navigiert sind. Dadurch lassen sich Rückschlüsse auf konkrete Keywordoptimierungen schwer zurückverfolgen. Darum sollten sie sich eher auf thematische Optimierungen konzentrieren, als auf konkrete Keywords zu optimieren.

Tools
Damit Sie den aktuellen SEO-Status hinsichtlich Ihrer eigenen und der Websites Ihrer Wettbewerber überprüfen können, empfehle ich Ihnen insbesondere vier Tools, aus denen Sie auswählen können:

- Xovi.de
- Sistrix.de
- Searchmetrics.com
- semrush.com

Zukünftig ist es ebenfalls anzuraten, ein SEO-Tool zu nutzen, um die SEO-Performance fortlaufend zu überprüfen. Erst eine kontinuierliche Optimierung wird Ihnen bessere Positionen und damit Besucher generieren.

2.4.2 SEA

Wie auch bei der Suchmaschinenoptimierung gilt es bei der Suchmaschinenwerbung (Search Engine Advertising, kurz SEA): Google ist der Platzhirsch unter
den Suchmaschinen. Wenn Ihre Persona in Suchmaschinen sucht, dann auch
in Google. Das Prinzip von Google Ads ist einfach und logisch: Sie zahlen nur
dann, wenn ein Google-Nutzer auf Ihre Anzeige klickt. Der Preis ergibt sich aus
zwei Grundfaktoren:

1. **Qualitätsfaktor**: Google prüft automatisiert die Qualität Ihrer Website, also
   wie relevant Ihr Inhalt hinsichtlich des jeweiligen Keywords ist. Darüber hinaus zählen ebenfalls die Nutzersignale, zum Beispiel wie hoch die Klickrate
   auf Ihre Anzeige ist. Der Qualitätsfaktor wird für jedes eingebuchte Keyword
   und dabei auf einer Skala von null bis zehn ausgegeben. Zehn ist der höchste
   und damit beste Wert. Hierbei finden Sie die großen Synergieeffekte zwischen
   SEO und SEA: Sie optimieren die Inhalte Ihrer Webseite. Davon profitiert Ihr
   SEO-Ranking, aber auch Ihr Ads-Qualitätsfaktor.
2. **Gebot**: Wie in einem Gebotsverfahren auf eBay erhält der Höchstbietende
   eine bessere Position in den Google Ads. Ganz so einfach ist es dennoch nicht:
   Falls Sie einen Qualitätsfaktor von zehn erhalten, müssen Sie für die erste
   Position in Google weniger pro Klick zahlen, als wenn Sie einen Qualitäts-
   faktor von eins erhalten.

Des Weiteren unterscheidet Google zwei grundlegende Arten der Ads-Schaltung:

1. **Search**: Sie buchen Kampagnen für die Google-Suche, wie zum Beispiel auf
   Google.de.
2. **Display**: Sie buchen Kampagnen für Drittseiten (zum Beispiel einen Blog)
   ein, auf denen Ihre Text- oder Bildanzeige erscheint. Hierzu zählen ebenfalls
   Remarketing-Kampagnen: Website-Besucher erhalten einen Cookie und beim
   Besuch von Blogs und weiteren ausgewählten Websites wird Ihre Anzeige
   ausgespielt.

In Abschn. 2.4.1 zum Thema SEO habe ich bereits erläutert, wie wichtig die
Keywordrecherche ist. Diese sollten Sie mithilfe von Google Ads durchführen,
denn Sie erhalten umgehend das Feedback Ihrer Zielgruppe: ob nach den Keywords gesucht und Ihr Anzeige angeklickt wird bzw. die Besucher konvertieren.
Die Flexibilität von Google Ads im Zusammenhang mit der aktiven Suche nach

Ihren Keywords ist einfach unschlagbar. Sie können durch einfache Optimierungen sowohl Ihre Klickrate als auch die Konversionsrate auf Ihrer Website verbessern. Berücksichtigen Sie jedoch, dass nicht jeder Suchende auf Google Ads klickt, sondern diese Zahl oft geringer ausfällt als gedacht: Der Toolanbieter Sistrix untersuchte in einer Studie die Klickraten. Dabei fielen allgemein betrachtet 93,21 % auf den organischen Bereich (SEO) und nur 6,79 % auf Google Ads (vgl. Beus 2018) – ungeachtet dessen, ob Google-Ads-Anzeigen erschienen oder nicht. Außerdem untersuchte Sistrix in einer weiteren Analyse die Klickstatistiken bei Suchergebnissen, wobei Google-Ads-Anzeigen stets erschienen. Dabei erhöhte sich die Klickrate insbesondere bei Keywords mit niedrigem Suchvolumen (also tendenziell spezifischeren Suchbegriffen, wie „Haus kaufen Köln-Ehrenfeld") auf 24,97 %.

Ob Ihre Persona in Bing sucht, können Sie am schnellsten mithilfe des Keyword-Planers (https://adinsight.bingads.microsoft.com/Research/KeywordPlanner) herausfinden. Dafür benötigen Sie lediglich ein bei Bing registriertes Konto. Im Vergleich zu Google werden die Suchvolumina wesentlich geringer ausfallen, zumeist ist der Wettbewerb in den Ads jedoch auch geringer. Das wiederum kann zu besseren Conversion-Rates führen. Prüfen Sie also das Suchvolumen für Ihre möglichen Keywords. Sollte nach Ihren Keywords in Bing gesucht werden, geben Sie Bing eine Chance und testen Sie die Wirkung.

Vorteile
- **Äußerst performanceorientiert**: Für jedes eingebuchte Keyword können Sie die Erfolgskontrolle präzise durchführen.
- **Kurz-, mittel- und langfristige Maßnahmen**: Mit Google Ads können Sie innerhalb weniger Stunden auf der ersten Position in Google stehen und Besucher für Ihre Website gewinnen. Es ist jedoch nicht nur eine kurzfristige Maßnahme, um neue Produkte oder Keywords auszutesten. Google Ads ist auch als langfristige Maßnahme sehr gut geeignet – solange Sie den ROI positiv gestalten und insbesondere den ROI auch prüfen.
- **Erfolge kalkulierbarer**: Im Gegensatz zu vielen anderen Online-Marketing-Kanälen und -Instrumenten können Sie die Erfolge besser steuern. Speziell dann, wenn Sie das Suchpotenzial durch ein begrenztes Budget noch nicht voll ausgeschöpft haben, können Sie die Erfolge potenzieren.
- **Gute Conversion-Rate**: Bei Google Ads zahlen Sie nur für Keywords, die Sie eingebucht haben. Durch ausschließende Keywords können Sie nicht passende Suchbegriffe vermeiden. Sie geben also Begriffe an, für die Sie nicht gefunden werden möchten. Beispielhafte Begriffe können sein: „kostenlos", „gratis". Dadurch können Sie die Conversion-Rate der Google Ads sehr gut steuern.

Nachteile

- **Kosten pro Klick**: Sie zahlen pro Klick, das ist transparent, jedoch auch nachteilig. In der SEO investieren Sie beispielsweise in Texte, Website-Performance etc. Die Klicks sind anschließend kostenlos. Doch bei der SEA investieren Sie pro Klick – nicht mehr, aber auch nicht weniger.
- **Klickbetrug**: Spammer und Wettbewerber klicken teilweise oftmals auf Google Ads. Diese werden von Google automatisiert herausgefiltert, jedoch können so manche ungewollte Klicks übrig bleiben, die Ihnen in Rechnung gestellt werden. Google bekämpft den Klickbetrug nach eigenen Angaben massiv. In Google Ads werden diese als „ungültige Klicks" markiert (vgl. Beck 2011, S. 54).

Budgetvergabe

Ein weiteres Merkmal in den Einstellmöglichkeiten von Google Ads ist das Budget. Mit dem Budget können Sie ganz konkret vorgeben, wie viel Geld Sie pro Tag maximal ausgeben möchten. Falls sie diesen Betrag auf den Monat hochrechnen möchten, multiplizieren Sie diesen mit 30,4. Das ist die Anzahl von Tagen eines Monats im Jahresdurchschnitt.

Wie hoch Ihr Ads-Budget sein sollte, können Sie im KeywordPlaner von Google Ads grob errechnen. Rufen Sie dafür die URL https://adwords.google.com/aw/keywordplanner auf, geben Sie die Keywords ein, klicken Sie auf „starten" und fügen Sie anschließend die gewünschten Keywords zu Ihrem Plan hinzu. Unter dem Registerpunkt „Planübersicht" erhalten Sie schließlich die Angabe eines möglichen Budgets (unter Berücksichtigung einer möglichen Klickrate) (Abb. 2.13).

Keyword-Ideen	◀ Zielregionen: **Deutschland** Sprache: **Deutsch** Suchnetzwerke: **Google**					
Planübersicht	**Planübersicht**		KAMPAGNE ERSTELLEN	PLAN HERUNTERLADEN	Nächster Monat 1. bis 31. Aug 2018	
Anzeigengruppen						
Keywords	Mit ihrem Plan können Sie **170** Klicks für **160 €** und einem max. CPC von **1,32 €** erhalten ⓘ					∨
	Klicks	**Impressionen**	**Kosten**	**CTR**	**Durchschn. CPC**	Conversion-Messwerte hinzufügen
	170	5700	160 €	3,0 %	0,91 €	+

Abb. 2.13 Planübersicht für die Prognose eines Budgets in Google Ads (Google und das Google-Logo sind eingetragene Marken von Google Inc., Verwendung mit Genehmigung). (Quelle: Google Analytics)

Kampagneneinstellungen

Jede einzelne Kampagne kann von Ihnen konfiguriert werden. Das ist der große Vorteil gegenüber den Anzeigengruppen. In den Kampagnen können Sie insbesondere neben den geografischen Einstellungen (schalte nur Anzeigen im Postleitzahlengebiet 51373 oder in ganz Nordrhein-Westfalen) auch die Endgeräte bestimmen, auf denen Ihre Anzeigen erscheinen sollen. Falls Sie beispielsweise in einer Analyse herausgefunden haben, dass über Smartphones keine Conversions stattgefunden haben, könnten Sie die mobilen Endgeräte für diese Kampagne ausschließen, indem Sie die Gebote um 100 % senken.

Als Tools zur Analyse der SEA-Performance kann ich Ihnen die gleichen Tools wie im vorherigen Abschnitt der SEO empfehlen. Diese bündeln diese beiden Kompetenzen, was wiederum für Sie von Vorteil ist:

- Xovi.de
- Sistrix.de
- Searchmetrics.com
- semrush.com

▶ **Tipp** Für Einsteiger habe ich einen Google-Ads-Videokurs produziert, welchen Sie kostenlos unter http://bastiansens.de/outadwordskurs abrufen können. Darin lernen Sie schrittweise, wie Sie ein Google-Ads-Konto erstellen, aufbauen und optimieren.

2.4.3 Social Media

Gastbeitrag
Victoria Rohrbach
In diesem Abschnitt verschaffe ich Ihnen einen kurzen Überblick über die gängigsten Social-Media-Plattformen und gebe vorneweg einen Tipp, wie Sie sich schnell und einfach einen Überblick verschaffen können, ob Ihre Zielgruppe sich auf der Plattform bewegt: Faktenkontor hat eine aktuelle Studie durchgeführt, auf die ich gerne zurückgreife und Ihnen als schnelles Auswahlinstrument an die Hand geben möchte. So sehen Sie schnell, welcher Social-Media-Kanal für Sie lukrativ ist und welchen Sie im Augenblick ignorieren können. Die Tabellen sind zum einen aufgeteilt nach Altersgruppen (Abb. 2.14) und zum anderen nach Schulabschlüssen (Abb. 2.15).

	14-19 J.	20-29 J.	30-39 J.	40-49 J.	50-59 J.	60+ J.
Facebook	61 %	89 %	84 %	74 %	73 %	70 %
YouTube	100 %	96 %	86 %	77 %	70 %	68 %
WhatsApp	98 %	93 %	81 %	70 %	58 %	52 %
Instagram	84 %	58 %	39 %	28 %	15 %	13 %
Twitter	30 %	33 %	32 %	27 %	22 %	20 %
Pinterest	51 %	44 %	37 %	24 %	14 %	14 %
Snapchat	82 %	39 %	22 %	13 %	7 %	6 %
Xing	5 %	24 %	31 %	28 %	18 %	14 %
LinkedIn	2 %	16 %	18 %	17 %	12 %	12 %
Kununu	2 %	13 %	11 %	8 %	4 %	1 %

Abb. 2.14 Nutzung von Social-Media-Portalen nach Altersgruppen. (Quelle: In Anlehnung an Faktenkontor GmbH o. J.)

	Gesamt	Volks-/ Hauptschul- abschluss	Mittlere Reife/ gleichwertiger Abschluss	Abitur / Fachhoch- schulreife	Abgeschlossenes Studium
Basis (Fallzahl)	3.500	432	1.309	911	711
YouTube	81%	72%	79%	87%	81%
Facebook	76%	76%	74%	80%	78%
WhatsApp	73%	65%	71%	80%	71%
Instagram	35%	26%	30%	43%	35%
Pinterest	29%	23%	27%	34%	28%
Twitter	27%	22%	21%	32%	32%
Snapchat	23%	14%	18%	32%	21%
Xing	22%	8%	12%	26%	42%
LinkedIn	14%	6%	8%	15%	29%
Kununu	7%	6%	4%	9%	10%

Abb. 2.15 Nutzung von Social-Media-Portalen nach Schulabschlüssen. (Quelle: In Anlehnung an Faktenkontor GmbH o. J.)

2.4.3.1 Facebook

Keine andere Social-Media-Plattform ist so umstritten wie Facebook – man denke nur an die Datenskandale und Börsenabstürze Mitte 2018. Und keine andere bietet Unternehmen so viele Möglichkeiten, Ihre Zielgruppe gezielt anzusprechen und erfolgreiches Targeting zu betreiben. Vorausgesetzt natürlich, dass die Zielgruppe sich auf Facebook befindet. Trotz Datenskandalen und sinkender organischer Reichweite ist Facebook die Social-Media-Plattform schlechthin: Derzeit tummeln sich weltweit 2,34 Milliarden Nutzer auf Facebook, davon sind 1,47 Milliarden täglich aktiv. Obwohl es keine genauen, aktuellen Zahlen für Deutschland gibt, geht man in etwa von 23 Millionen täglich aktiven Facebook-Nutzern in Deutschland aus (vgl. AllFacebook.de o. J.a). Ein großer Pool an potenziellen Kunden und Daten also, in den es sich tiefer einzutauchen lohnt. Aus diesem Grund gehe ich im Folgenden, auch stellvertretend für andere Plattformen, intensiver auf Facebook ein.

Mit der Zielgruppe kommunizieren – aber richtig
Das wunderbare an Social Media steckt bereits im Namen: Es ist ein soziales Medium, dementsprechend steht die Kommunikation im Vordergrund. Und das gilt auch – oder insbesondere – für Facebook. Hier haben Sie als Unternehmen die Möglichkeit, direkt mit Ihrer Zielgruppe in einen Dialog zu treten. Wichtig hierbei: Ein Dialog ist kein Monolog! Was Nutzer in ihren Feeds nicht sehen möchten, sind eindimensionale Lobeshymnen auf die unternehmenseigenen Leistungen und verkaufsfördernde Maßnahmen (vgl. Hofer 2013).

Vielmehr erwarten sie einen klaren Mehrwert für sich selbst. Das können ein witziges oder emotionales Video, eine „How-to"-Anleitung oder brancheninterne News und ja – auch die ein oder andere Information über das Unternehmen und dessen Portfolio selbst sein. Letztendlich geben allerdings auch 17,5 % der Facebook-Follower an, vor allem eine Seite zu abonnieren, da sie sich Rabatte oder sonstige Goodies erhoffen (vgl. Janotta 2017).

Money, Money, Money: Reichweite durch Ads
Facebook hat seinen Algorithmus so weit verändert, dass es fast schon unmöglich ist, kostenlos im Großteil der Newsfeeds der eigenen Follower zu erscheinen. Zwar gelten nach wie vor Faktoren wie Likes, Shares oder Interaktionen in Form von Kommentaren, die sich positiv auf die eigene Reichweite auswirken, doch die Zeiten, in denen Unternehmen völlig kostenlos eine gute Reichweite generieren konnten, sind (zumindest aktuell) passé.

▶   **Tipp** Um die Reichweite zu erhöhen, sollten Sie ein Budget für Facebook Ads einplanen.

Targeting
Eingangs habe ich erwähnt, dass Facebook einen riesigen Datenpool hat. Auch wenn er selbst für Branchen-Insider manchmal erschreckend detailliert ist, so ist er umso nützlicher, wenn es darum geht, sehr gezielt Werbung zu schalten – und damit das eigene Budget effizient einzusetzen.

Derzeit gibt es keine andere Werbeplattform, auf der Sie so gezielt Ihre Zielgruppe auswählen können wie auf Facebook. Mit etwas Geschick können Sie Ihre Streuverluste minimieren und durch Analysen und stetige Strategieanpassung Ihr Budget effektiv nutzen.

▶   **Tipp** Alleine die Interessen- und Targeting-Optionen scheinen endlos. Felix Beilharz hat sich die Mühe gemacht, eine übersichtliche Liste mit den meisten Targeting-Optionen zusammenzustellen, die Sie sich unter folgendem Link herunterladen können: https://felixbeilharz.de/facebook-werbung-anleitung/.

Es ist übrigens auch spannend, sich anzuschauen, wie Facebook die eigenen Interessen einstuft. Wenn Sie jemanden kennen, der Ihrer Zielgruppe entspricht, dann bitten Sie diese Person doch einmal, sich die Einstellungen unter https://www.facebook.com/ads/preferences/edit/ genauer anzuschauen. Ich bin mir sicher, dass Sie da das ein oder andere Aha-Erlebnis haben werden.

Kampagnenziele und Abrechnungsmodelle
Prüfen Sie immer wieder Ihre Einstellungen und justieren Sie Ihre Strategie nach. So sind beispielsweise die Kostenunterschiede bei der Abrechnungsmethode und Kampagnenzielauswahl enorm. Sie können zwischen Impressionen (Cost per Mille, kurz CPM) und dem tatsächlichen Klick (Cost per Click, kurz CPC) als Abrechnungsgrundlage wählen. Interessant wird es dann, wenn wir die Abrechnungen genauer betrachten:

Bei der *CPM-Methode* zahlen Sie tatsächlich nur für das Ausspielen der Anzeige. Dabei wird jedoch nicht die Anzahl der Nutzer, sondern die der Impressionen insgesamt berechnet. Als Beispiel: Wenn Pia die Anzeige einmal angezeigt wird und Phillipp zweimal, dann verbucht Facebook drei Impressionen. Es kann schnell passieren, dass Facebook die Anzeigen nicht nur mehrmals an die gleichen Personen ausliefert, sondern dabei auch keine Conversion erzielt wird. Facebook ist dies relativ „egal" – es bekommt sein Geld.

Bei der *CPC-Methode* zahlen Sie nur den tatsächlichen Klick. Facebook spielt in diesem Fall die Anzeigen bevorzugt aus, die neben der ausgewählten

Targeting-Eigenschaft eine Affinität zur Interaktion zeigen. So steigt die Wahrscheinlichkeit, dass tatsächlich eine Handlung ausgeführt wird, sei es ein Like oder ein Klick auf die Anzeige selbst.

Je nach Conversion-Rate (in dem Fall CTR → „Click-Through-Rate"), lohnt es sich, zwischen den Methoden zu wechseln und auszurechnen, welches Modell günstiger ist.

▶   **Tipp** Ihre Reichweite können Sie einsehen, indem Sie im Werbeanzeigenmanager das Budget eingeben, das Sie ausgeben möchten. Daraufhin zeigt Ihnen Facebook Ihre voraussichtliche Reichweite. Diese variiert dementsprechend, wenn Sie das Budget verändern.

Vor- und Nachteile von Facebook
- **Vorteile**
  - **Sehr großer Datenpool:** Durch die enorme Nutzerzahl hat Facebook entsprechend viele Daten gesammelt, auf die Sie indirekt zugreifen können.
  - **Äußerst differenziertes Targeting:** Auf keiner anderen Plattform ist es so detailliert möglich, seine Zielgruppe anhand verschiedener Kriterien und Eigenschaften auszuwählen wie auf Facebook.
  - **Direkte Kommunikation mit der Zielgruppe:** Auf Ihrer Fanpage kommen Sie durch Kommentare in den Beiträgen oder Nachrichten in direkten Kontakt mit Ihren Followern.
- **Nachteile**
  - **Aufwand:** Die Pflege und Moderation eines Social-Media-Kanals ist immer mit einem zeitlichen Aufwand sowie Manpower, die investiert werden muss, verbunden.
  - **Geringe organische Reichweite:** Sie werden nicht darum herum kommen, in Ads zu investieren, da die organische Reichweite stark eingebrochen ist.
  - **Extra-Budget für Facebook Ads nötig**
- **Tools**
  - Hootsuite
  - Buffer
  - fanpagekarma

2.4.3.2 Instagram

Hätten Sie erraten, was das Motiv des ersten Bildes auf Instagram war? Das erste Foto auf Instagram zeigt einen Hund und einen Männerfuß und wurde vom CEO und Mitgründer Kevin Systrom am 16. Juli 2010 hochgeladen. Seitdem folgten mehr als eine Milliarde monatlich aktive Nutzer diesem Beispiel und laden Fotos (mittlerweile mehr als 40 Milliarden) von – na ja – allem Möglichen hoch. Die Hälfte davon ist täglich auf Instagram aktiv (vgl. Instagram o. J.). Seit der Übernahme durch Facebook im Jahr 2012 sind die Besucherzahlen nach oben geschnellt und das Bildernetzwerk ist so beliebt wie nie zuvor. Kein Wunder also, dass immer mehr Unternehmen und Marken Instagram ebenfalls als Plattform für sich entdecken. Mittlerweile sind 25 Millionen Businessprofile von Unternehmen und Marken registriert (vgl. AllFacebook.de o. J.b). Die erfolgreichste ist übrigens derzeit Nike mit 79,5 Millionen Followern (Statista 2017).

Der Content: Die Welt in Bildern

Bei Instagram dreht sich um alles um Bilder – und Videos. Im Gegensatz zu Pinterest werden die Bilder nicht gesammelt, auch wenn es diese Funktion gibt. Instagram ist schnelllebiger, je nachdem, wie vielen Instagrammern man selbst folgt, ist der Newsfeed sehr dynamisch. Darüber hinaus können seit 2016 auf Instagram auch Stories veröffentlicht werden: kurze Videos, Bilder oder Gifs, die nur 24 Stunden sichtbar sind und nur auf Wunsch gespeichert werden.

Wer gesehen werden möchte, brauchte bis vor Kurzem vor allem beliebte Hashtags, um Reichweite zu generieren. Doch seit 2016 hat Instagram einen Algorithmus eingeführt, der den Content nach den Kriterien Interesse, Aktualität und Interaktion bewertet und dementsprechend den Nutzern ausspielt (vgl. Firsching 2018). Damit möchte Instagram gewährleisten, dass nur relevanter und spannender Content seine Nutzer erreicht.

Und das ist ein gutes Stichwort: Wie auf allen Kanälen spielen die Qualität und die Relevanz des Contents eine wichtige Rolle. Auf Instagram sind es hauptsächlich Bilder und Videos, deren Bildqualität sowie auch Bildsprache überzeugen müssen. Garniert werden die Bilder mit kurzem Text sowie Hashtags, die auch nach der Einführung des erwähnten Algorithmus weiterhin eine hohe Bedeutung haben. Hashtags können immer noch für Reichweite und vor allem Interaktionen sorgen. Für Unternehmen besonders spannend: Eigene, sogenannte Branded Hashtags, wie es beispielsweise Nike mit #justdoit oder Ford mit #Fiestagram macht.

▶   **Tipp** Onlinemarketing.de wertet immer wieder die beliebtesten Hashtags aus – ein Blick lohnt sich: https://bastiansens.de/outhash.

Jung, attraktiv, sportlich
Instagram ist ein sehr junger und attraktiver Social-Media-Kanal. Die meisten
Nutzer sind zwischen 18 und 35 Jahre alt (vgl. We are social o. J.) – dementsprechend drehen sich die Themen um Mode, Beauty, Sport, Lifestyle, Reisen
und Food-Trends (vgl. Grabs et al. 2017). Die Bilder und Videos werden lange
bearbeitet, es gibt viele Filterfunktionen und stilvolle Inszenierungen gehören
irgendwie dazu (vgl. Grabs et al. 2017).
    Gleichzeitig ist es die Plattform für Influencer – mittlerweile sogar beliebter
als YouTube. Das ist schnell erklärt, denn Content für Instagram ist schneller
erstellt. Außerdem gilt Instagram als das aktivste soziale Netzwerk (vgl. Grabs
et al. 2017). Ob Ihre Persona sich auf Instagram bewegt, können Sie zum einem
mithilfe der Abb. 2.14 schnell einsehen. Zum anderen können Sie auch selbst
nach branchenrelevanten Hashtags suchen.

▶   **Tipp** Nutzen Sie auf jeden Fall ein Business-Profil, denn dadurch ste-
    hen Ihnen mehr Funktionen zur Verfügung und Sie können die Reich-
    weite Ihrer Posts einsehen.

Instagram Ads
Ähnlich wie bei Facebook, können Sie seit 2015 auch Werbung bei Instagram
schalten. Ein großer Vorteil ist, dass Sie mithilfe des Werbeanzeigenmanagers
Werbung, die auf Facebook geschaltet ist, ebenfalls auf Instagram schalten lassen
können. Dort sehen Sie auch die Reichweite, die Sie mit Ihrem Budget generieren
können, und greifen auf dieselben Möglichkeiten wie bei Facebook zurück. Sie
können aber auch direkt in der App Werbung schalten. Ihnen stehen dafür folgende Formate zur Verfügung:

• Bildanzeigen
• Videoanzeigen
• Karusselanzeigen (zeigen mehrere Bilder oder Videos)
• Storiesanzeigen

Vor- und Nachteile von Instagram
• **Vorteile**
  – **Verbundenheit zu Facebook**: Wenn Ihre Persona sich auf beiden
    Plattformen aufhält, können Sie von den Synergieeffekten profitie-
    ren. Obwohl sie beide Kanäle pflegen müssen, kann vieles aus einem

Account geschehen, wie das Teilen von Bildern. Auch die Pflege und
das Schalten der Ads werden so erleichtert.
- **Aktives Netzwerk**: Instagram lebt von seiner aktiven Community, nutzen Sie das zu Ihrem Vorteil, indem Sie Ihre Persona bewusst einbinden
  und beispielsweise unter einem Hashtag zu Aktionen auffordern.
- **Markenliebe**: Instagrammer folgen Marken oder Unternehmen oft
  aus reiner Sympathie.
- **Nachteil**
  Kein direkter Traffic via Instagram: Sie können derzeit bei Instagram
  keine Links setzen, außer in der Biografie sowie in den Ads.

2.4.3.3 Pinterest

Wer Content-Marketing betreibt, sollte meiner Meinung nach einen Social-Media-Kanal nicht außer Acht lassen: Pinterest. Im Oktober 2017 wurde Pinterest als
eines der wertvollsten digitalen Start-ups bewertet. Das im März 2010 gelaunchte
Unternehmen verzeichnete im September 2017 mehr als 200 Millionen monatlich
aktiver Nutzer weltweit! Mittlerweile positioniert sich Pinterest als Bilder-Such-
maschine (aber nicht nur). Doch was macht den Charme von Pinterest aus und
noch wichtiger: Inwieweit ist die Plattform für Unternehmen attraktiv?

Das Prinzip: Der Reiz von Bildern
Die Nutzer von Pinterest konsumieren Bilder, ob klassische oder bewegte – nicht
mehr und nicht weniger. Sie lassen sich inspirieren, blättern durch ihren Feed,
pinnen Bilder an eigene Pinnwände und folgen anderen Nutzern und deren vir-
tuellen Pinnwänden. Die allermeisten dieser Bilder sind mit Websites verknüpft.
Und genau das ist überwiegend für B2C-Unternehmen interessant: Pinterest-Nutzer sind auf der Suche, sei es nach Inspirationen oder nach Lösungen für ein Problem. Als Unternehmen hat man hier die Möglichkeit, sich und seine Produkte
oder Dienstleistungen als Problemlöser bzw. Inspirationsquelle zu präsentieren
und seine eigene Brand zu stärken.

Das funktioniert aber nur mit (sehr) gutem Content – in dem Fall insbesondere
mit guten Bildern, Grafiken und auch kurzen Videos. Teasern diese dem Inhalt
der Website entsprechend an, wird auch die Website selbst angesteuert, das geht
über die Verknüpfung mit der Website mit nur einen Klick. Von dort kann der
Nutzer weiter in den Conversion-Funnel gezogen werden, beispielsweise durch
den Download einer DIY-Anleitung oder sogar den Kauf eines zuvor gepinnten
Produkts.

Traffic

Dank Pinterest gelangen Besucher auf Ihre Website, wenn Sie aktiv ein Konto bei Pinterest haben, dieses pflegen, moderieren und internen Content, beispielsweise aus Ihrem Blog oder dem Online-Shop, hochladen und entsprechend taggen. Oder weil Nutzer sich auf Ihrer Website oder Ihrem Blog bewegen und attraktiven Content pinnen. Nun sind diese Inhalte in und via Pinterest auffindbar und leiten einen Teil der aktiven Besucher auf Ihre Seite.

Via Pinterest auffindbar? Ja, denn eine weitere Möglichkeit ist die Google-Bildersuche. Pinterest hat eine hohe Sichtbarkeit bei Google: Laut dem Tool Sistrix erreicht Pinterest derzeit einen Sichtbarkeitsindex von 114. Je höher der Wert ist, umso mehr Besucher gewinnt die Domain erwartungsgemäß über Google. Kein Wunder also, dass mehr als 15.000 Bilder in der Bildersuche angezeigt werden und damit eine dominante Rolle in den Google-SERPs einnehmen.

Pinterest-Nutzer: Jung, weiblich, sucht

Obwohl der Anteil von Neuanmeldungen männlicher User wächst, ist Pinterest derzeit (Statista 2017) überwiegend weiblich und jung. 70 % der weltweiten User sind Frauen, davon 65 % im Alter von 25 bis 54 Jahren (vgl. Pinterest o. J.), nach der Auswertung von Faktorkantor am Anfang von Abschn. 2.4.3 sind es vor allem Frauen im Alter von 14 bis 39 Jahren, die Pinterest nutzen. Sie suchen nach Ratgebern zur Selbstverwirklichung oder nach Inspirationen in den Bereichen Mode, Beauty oder Interieur (vgl. Pinterest o. J.).

In erster Linie ist Pinterest demnach eine Werbeplattform für B2C-Unternehmen. Je nach Branche und Zielgruppe kann sie allerdings auch für B2B erfolgreich sein: Denn hinter jeder Position im Unternehmen steckt ein emotionaler Mensch, der sich auch in seiner Arbeit verbessern möchte. Auf unaufdringliche Art kann der Erstkontakt mit einer B2B-Marke privat erfolgen.

Deswegen ist besonders für Dienstleister zumindest eine Prüfung der Zielgruppe eine Chance. Nimmt man meinen Arbeitgeber, die Agentur Sensational Marketing GmbH als Beispiel, so wären als Grafik aufgearbeitete SEO-Tipps der richtige Content, um junge Marketingmitarbeiter anzusprechen und unsere Brand zu stärken.

Für den Schaumstoffschneidemaschinenproduzenten Bäumer wiederum, den Sie noch in einem Praxisbeispiel in diesem Buch kennenlernen werden (Abschn. 3.2), ist die Plattform nicht reizvoll, da sich die Zielgruppe entweder nicht auf Pinterest aufhält oder nicht nach Bäumers Inhalten sucht.

Vor- und Nachteile von Pinterest
- **Vorteile**
  - **Content-Recycling**: Inhalte bzw. Bilder und Videos, die Sie für Ihren Blog oder für Ihre Website erstellt haben, werden 1:1 auf Pinterest hochgeladen und müssen nicht extra produziert oder nachbearbeitet werden.
  - **Kostenlos**: Derzeit ist Pinterest für Unternehmen kostenlos, lediglich der geringe Mehraufwand muss in der Kostenkalkulation beachtet werden.
  - **Motivierte und aktive Zielgruppe**: Ihre Wunschkunden befinden sich in einem Suchprozess, sodass ihre Bereitschaft zur Conversion entsprechend hoch ist.
- **Nachteile**
  - **Mehraufwand**: Auch wenn der Aufwand zur Content-Erstellung gering ist, so müssen Sie dennoch einen weiteren Kanal pflegen.
  - **Nur bedingt für B2B geeignet**: Momentan ist Pinterest überwiegend ein B2C-Kanal. Prüfen Sie dennoch, ob Ihre Branche nicht eine Ausnahme darstellt.

▶ **Tipp** Ähnlich wie auf anderen Social-Media-Plattformen gibt es auch bei Pinterest die Möglichkeit, Ads zuschalten. Derzeit jedoch noch nicht in Deutschland. Ob und wann bezahlte Pins in Deutschland möglich sein werden, ist leider nicht bekannt.

2.4.3.4 YouTube

Wussten Sie, dass YouTube die zweitgrößte Suchmaschine ist – direkt nach Google? Und die am dritthäufigsten besuchte Website – nach Facebook? Wenn das keine Argumente sind, um Facebook als Online-Marketing-Kanal zu nutzen! YouTube hat eine beeindruckende Reichweite: Mobil erreichte YouTube in den USA mehr Menschen im Alter zwischen 18 und 49 Jahren als Kabelfernsehen und Nachrichtensender. Insgesamt verzeichnet die Google-Tochter über 1,5 Milliarden aktive Nutzer im Monat – und das in 88 Ländern und in 76 Sprachen (vgl. YouTube o. J.). In Deutschland sind es immerhin monatlich 31,3 Millionen aktive Nutzer (vgl. Statista 2018a). Ein enormer Pool, in dem sich sicherlich auch Ihre Zielgruppe und Ihre Persona befinden. Ein Blick auf Abb. 2.14 und Abb. 2.15 zeigt, dass Nutzer jeglichen Alters sowie Bildungsstands auf YouTube vertreten sind.

Bilder sagen mehr als 1000 Worte – Videos sagen mehr als 1000 Bilder
Demnach lautet meine Aufforderung an Sie: Nutzen Sie diesen Kanal, denn er bietet Ihnen so viele Werbemöglichkeiten wie kaum ein anderer. Erstellen Sie einzigartigen, relevanten Content, der Ihre Zielgruppe begeistert, statt nur informiert. Das können durchaus informative, aber eben auch spannende Videos sein, die ein erklärungsbedürftiges Produkt vorstellen, oder ein Imagevideo, das Sie und Ihr Unternehmen in den Mittelpunkt rückt.

Legen Sie den Schwerpunkt dabei auf den Nutzer, nicht auf sich selbst. Stellen Sie unterhaltsamen Content her, der beides beinhaltet: Relevanz und Mehrwert für Ihre Zielgruppe, gepaart mit ein klein wenig Zerstreuung. Sie müssen Ihren Content übrigens nicht zwingend selbst herstellen, zumindest nicht komplett, denn YouTube ist neben Instagram *die* Plattform für Influencer und Recommender. Dass ein solches Empfehlungsmarketing Einfluss auf die Kaufentscheidung haben kann, wurde schon mehrfach in Studien gezeigt. Immerhin geben 36 % der Befragten einer aktuellen Studie von Idealo.de an, dass sie sich vor einer Kaufentscheidung gelegentlich Videos von Personen anschauen, die ein Produkt testen und erklären, 14 % sogar häufig (vgl. Statista 2018b).

Doch ist YouTube eine Plattform für B2B?
Ein ganz klares „Ja". Auf YouTube erreichen Sie Menschen unterschiedlichen Alters. Wieso sollte Ihre Zielgruppe nicht dabei sein? Werfen Sie nochmals einen Blick auf Abb. 2.14. Auch darf man den Generationswandel nicht außer Acht lassen: Immer mehr Personen, die mit Social Media groß geworden sind, wechseln in Entscheidungspositionen. Damit ist die Grundlage bereits gegeben: Ihre Zielgruppe bewegt sich auf YouTube.

Natürlich spielt der Content eine entscheidende Rolle. Ich werde nicht müde zu betonen, dass er relevant sein sowie einen Mehrwert für den Nutzer darstellen muss, damit er positiv wahrgenommen wird. Wirklich tollen Content um ein eher weniger spannendes Produkt – Erntemaschinen – hat ROPA Fahrzeug- und Maschinenbau GmbH kreiert: https://bastiansens.de/outropa.

Werbung
Neben eigenen Videos, die Sie über Ihren Kanal hochladen und verwalten können, haben Sie außerdem die Möglichkeit, in und vor fremde Videos Werbung zu schalten. Dabei stehen Ihnen sechs Möglichkeiten zur Verfügung.

1. **TrueView Ads**: Diese Videos werden vor dem eigentlichen Video geschaltet und lassen sich nach fünf Sekunden überspringen. In dieser Zeit sollte Ihre Werbung überzeugen. In der Regel müssen Sie für diese Ads nur zahlen, wenn sie

30 Sekunden oder länger betrachtet werden. Optional können Sie die Bezahlart aber auch nach Reichweite oder Handlung wählen. Dann greift die 30-Sekunden-Regel nicht. Der Vorteil ist, dass die Kosten überschaubar sind. Da Sie nur nach 30 Sekunden Betrachtung für die Ads zahlen, geben Sie Ihr Budget letztendlich für interessierte Nutzer aus, die wahrscheinlich auch konvertieren.

2. **Nicht überspringbare Ads**: Wenn Sie möchten, dass Ihre Werbung wirklich wahrgenommen wird, dann können Sie auch auf dieses Ad-Format zurückgreifen. Seit 2018 haben Sie für nicht überspringbare Ads zwischen 15 und 20 Sekunden Zeit, vorher waren es 30. Doch Vorsicht: Diese Ad-Form wird häufig als aufdringlich wahrgenommen! Nichts nervt YouTube-Nutzer so sehr wie Werbung vor Videos (vgl. Appinio Research 2018).

3. **Bumper Ads**: Ich gebe zu – das ist mein liebstes Ad-Format. Bumper Ads sind ebenfalls nicht überspringbar, allerdings dauern sie nur maximal sechs Sekunden. Das bedeutet: Sie müssen wirklich schnell auf den Punkt kommen und dabei überzeugen – eine kreative Herausforderung. Einige Beispiele finden Sie unter https://bastiansens.de/outbumper.

4. **Display Ads**: Displayanzeigen funktionieren auf YouTube genauso wie auf anderen Websites des Google-Ads-Netzwerks und werden rechts neben dem Video oder über der Liste der Videovorschläge platziert.

5. **Overlays**: Der Name verrät es schon: Dieses Anzeigenformat wird halbtransparent im unteren Bereich über das Hauptvideo eingeblendet. Dabei kann es sich um ein (animiertes) Bild oder einen Text handeln.

6. **Gesponserte Infokarten**: Infokarten sind kleine Pop-ups mit einem Call-to-Action, die im Video platziert werden. Das kann auch im eigenen Video sein wie beispielsweise eine Abo-Schaltfläche. Bei gesponserten Infokarten werden diese Mini-Pop-ups in fremden Videos als Info-Icon eingesetzt. Der Call-to-Action ist als Mouseover hinterlegt. Der Vorteil: Diese Ads sind unaufdringlich – und stören nicht beim Betrachten des Videos. Der Nachteil: Diese Ads sind unaufdringlich – und fallen demnach auch viel weniger auf.

▶ **Tipp** Da Sie die Werbung über Google Ads schalten, erscheint Ihre Werbung nicht nur auf YouTube, sondern auch bei Partnern aus dem Display-Netzwerk.

Vor- und Nachteile von YouTube
- **Vorteile**
  - **Sehr hohe Reichweite:** Auf YouTube ist nahezu jede Zielgruppe vertreten – sicherlich auch Ihre.

- **Content-Recycling:** Sie können den Content, den Sie für YouTube generieren, leicht für anderen Kanäle oder Ihre Website nutzen.
- **Nachteil**
  Aufwand und Kosten: Wirklich gute Videos bedeuten leider auch einen hohen Aufwand, sowohl zeitlich als auch finanziell.

2.4.3.5 LinkedIn & XING

Im B2B-Bereich dürfen diese beiden Business-Social-Media-Kanäle nicht fehlen. Während XING sich auf die DACH-Region begrenzt und in Deutschland momentan mit mehr als 11 Millionen. Nutzern einen Vorsprung hat (vgl. XING 2018a), ist LinkedIn international definitiv die spannendere Plattform, vor allem nach der Übernahme durch Microsoft im Jahr 2016. Immerhin bewegen sich 7,3 Millionen Nutzer aus Deutschland auf der internationalen Plattform (vgl. Koß 2018). Deswegen möchte ich mein Hauptaugenmerk auf LinkedIn legen, wobei viele der Informationen für beide Plattformen gelten.

Im Grunde ist nichts dagegen einzuwenden, auf beiden Plattformen aktiv zu sein, abgesehen von Ihren zeitlichen Ressourcen und der Manpower, die Sie investieren müssen. Beide Netzwerke haben Ihre Vor- sowie Nachteile, ggf. liegt Ihnen eines besser als das andere.

Die Nutzer unter der Lupe

Das sind laut eigenen Aussagen LinkedIns mitgliedstärkste Branchen in der DACH-Region (vgl. Presseportal 2017):

- Automobil
- Bauwesen
- IT & IT-Dienstleistungen
- Finanz- & Bankwesen
- Forschung & Entwicklung
- Marketing & Werbung

XING hält etwas unspezifischer mit ähnlichen Branchen dagegen: IT, Finanzen, Handel, Industrie, Medien und Dienstleistungen (vgl. XING 2018b)[2]. Wirft man

---

[2]https://werben.xing.com/daten-und-fakten/.

einen Blick auf Abb. 2.15, so sieht man: Auch bei der Verteilung des Bildungs-
niveaus ähneln sich beide Netzwerke. Vor allem Personen mit einem Fach-/Hoch-
schulabschluss oder Abitur bewegen sich auf den Business-Plattformen.
Einen klaren Vorsprung hat LinkedIn bei Mitarbeitern von DAX-Unternehmen, wie Abb. 2.16.
Wieso ein Business-Netzwerke als Online-Marketing-Kanal?

Recruiting Gerade für Bewerbermarketing und Employer Branding sind die
Karrierenetzwerke ein Segen. Arbeitnehmer und Arbeitgeber auf einer Plattform
zusammenbringen ohne den Spagat zwischen Privatem und Geschäftlichem ist
der Kernbereich und der große Mehrwert dieser Kanäle. Unternehmen können
sich nicht nur als Arbeitgeber präsentieren, sondern auch aktiv auf Arbeitnehmer
zugehen.

Auf beiden Plattformen ist das theoretisch kostenlos möglich, jedoch sind in
den Basis-Mitgliedschaften die Möglichkeiten so sehr eingeschränkt, dass sich
kostenpflichtige Erweiterungen durchaus lohnen.

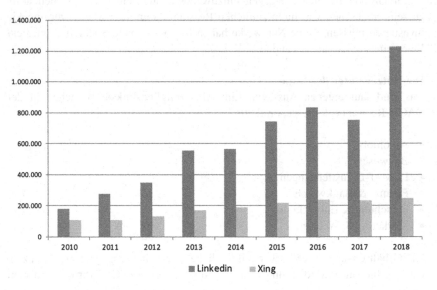

Abb. 2.16 Anzahl Mitarbeiter von DAX-Unternehmen bei XING und LinkedIn 2010–
2018. (Quelle: Koß 2018)

Branding Dank des Newsfeeds dreht sich auf den Business-Plattformen aber nicht alles ums Recruiting und um Karriere-Netzwerken. Je nach Interesse erscheinen hier spannende Themen rund um die eigene Branche. Für Unternehmen ist das die richtige Bühne, um ihr Branding zu stärken und Expertise zu beweisen, in dem sie die Kanäle als Publishing- und Wissensplattformen nutzen. Insbesondere bei LinkedIn rückt dieser Aspekt in den Vordergrund. Neben Gruppen zu bestimmten Themen oder dem News-Angebot „LinkedIn Pulse" gibt es die Lern-Videoplattform „LinkedIn Learning".

Leadgenerierung Wo könnten Sie besser virtuell mit Menschen in Kontakt treten, die sich in Ihrer Branche bewegen und gleichzeitig offen für branchenbezogenen Themen sind? Business-Netzwerke sind die perfekte Quelle für hochwertige Leads. Zum einem geht das natürlich über den Newsfeed oder über bezahlte Werbemöglichkeiten. Bei LinkedIn sieht das folgendermaßen aus:

Sales Navigator: Über dieses Tool haben Sie die Möglichkeit, 20 InMails an Personen zu verschicken, mit denen Sie nicht verbunden sind. Außerdem können Sie Personen uneingeschränkt suchen sowie Leadempfehlungen durch LinkedIn erhalten (vgl. LinkedIn o. J.).

Ads: Ob eine personalisierte Nachricht im LinkedIn-Postfach oder ein gesponserter Post im Newsfeed – LinkedIn bietet Ihnen viele verschiedene Möglichkeiten, Ihre Leads gezielt anzusprechen. Laut einem Test von HubSpot liegt die Conversion-Rate im Durchschnitt bei 9 % (vgl. Andrews 2016).

> **Vor- und Nachteile von LinkedIn**
> - **Vorteile**
>   - **Direkter Businessbezug:** Die Nutzer sind in einem geschäftlichen Kontext und dadurch offen für Karriere- und Businessthemen.
>   - **Needs:** Wer sich in einem Karrierenetzwerk bewegt, ist auf der Suche – sei es nach Kontakten, einem neuen Job oder Lösungen für das eigene Unternehmen. Diese Needs können von Ihnen bedient werden.
>   - **Gezielte Ansprache:** Dank der einfachen Suche sowie durch die vielen Ads-Möglichkeiten ist eine gezielte Ansprache der Persona möglich.
> - **Nachteile**
>   - **Branchenrestriktion:** Nicht jede Branche ist vertreten. Insbesondere das Handwerk oder pflegenahe Dienstleistungen sind in den Netzwerken selten vertreten.
>   - **Erhöhter Aufwand:** Jedes Netzwerk, das Sie mehr pflegen möchten, kostet Sie natürlich Zeit und Manpower.

2.4.3.6 Twitter

Twitter ist im eigentlichen Sinne kein Social-Media-Kanal, sondern vielmehr ein Echzeitmedium (vgl. Grabs et al. 2017). So wird der (Wieder-)Erfinder des Hashtags in Deutschland überwiegend als News-Channel verwendet, insbesondere von B2B-Unternehmen. In Echtzeit können Sie News aus Ihrem Unternehmen an Journalisten sowie andere Multiplikatoren, festgehalten in max. 280 Zeichen, twittern.

Präsenz

Der Newsfeed auf Twitter ist im ständigen Wandel. Die Kurznachrichten bleiben nur wenige Minuten präsent. Aus dem Grund ist es wichtig, Tweets immer wieder zu streuen, gern mit dem gleichen, aber nicht mit exakt demselben Inhalt. Um das zu managen, empfehle ich Ihnen Tools wie Hootsuite.

Dialog

Auch wenn es sich im ersten Moment so liest, als wäre die Kommunikation auf Twitter eine Art Monolog, in dem Unternehmen ihre News in die Welt hinauszwitschern, ist das nicht der Fall, ganz im Gegenteil: Das Geheimnis liegt wie in jeder Kommunikation im Dialog. Das bedeutet, dass Sie auch mit Tweets anderer Nutzer interagieren müssen, um selbst Reichweite zu generieren. Interaktion mit den eigenen Followern, aber auch mit ähnlichen Kanälen ist da entscheidend. Sprechen Sie Ihre Follower direkt an und animieren Sie sie zur Interaktion (vgl. Löffler 2014). Nur so werden Follower Ihren Content retweeten.

Content

Bis vor gar nicht so langer Zeit hatten Twitterer nur 140 Zeichen Platz – weniger als früher in einer SMS. Seit November 2017 wurde die Zeichenanzahl verdoppelt, sodass man sich nun in 280 Zeichen mitteilen kann. Ein wichtiger Bestandteil eines Tweets sind die Hashtags: So taggen Sie die Themen Ihrer Nachricht und machen es Ihrer Zielgruppe leicht, relevanten Content zu finden. Doch Vorsicht: Vermeiden Sie zu viele Hashtags – das wirkt schnell spammig und unlesbar.

Aufgrund des Platzmangels ist es eine gute Idee, Content-Recycling zu betreiben und Content von einer anderen Plattform auf Twitter anzuteasern. Via Link kann Ihre Zielgruppe dann auf den eigentlichen Content geleitet werden.

▶ **Tipp** Reine Textnachrichten und Links wirken im Newsfeed recht unscheinbar. Sie können Ihre Nachricht mit Bildern, Gifs oder kurzen Videos (max. 2:20 Min.) vergrößern.

Vor- und Nachteile von Twitter
- **Vorteile**
  - **Direkter Draht zu Journalisten**: Journalisten recherchieren auf Twitter, dementsprechend können Sie Redakteure und Journalisten direkt erreichen (vgl. Grabs et al. 2017).
  - **Öffentliche Kommunikation in Echtzeit**: Die Kommunikation auf Twitter ist sehr transparent, da es keine privaten Nachrichten gibt. So können Sie die Chance ergreifen, direkt auf die Probleme und Needs Ihrer Persona einzugehen und eine positive Kundenbeziehung aufbauen.
- **Nachteil**
  Geringe Nutzerzahlen: Betrachtet man die Nutzerstatistiken von Twitter oder die anfangs vorgestellte Grafik bzgl. der Nutzerverteilung, so sieht man, dass Twitter keine stark frequentierte Plattform ist.
- **Tools**
  - Hootsuite
  - Buffer
  - Refollow

Die Autorin
Victoria Rohrbach, die Gastautorin von Abschn. 2.4.3, verantwortet Content & Strategie bei der Sensational Marketing GmbH.

2.4.4   Content-Marketing

Gastbeitrag
Victoria Rohrbach
Wo fängt Content-Marketing an und wo hört SEO auf? Das stimmt, so ganz lassen sich die Online-Marketing-Kanäle nicht trennen, vielmehr bestärken sie sich gegenseitig und das ist ein absoluter Vorteil. In erster Linie geht es bei Content-Marketing um sehr gute Inhalte, mit denen Sie sich ganz gezielt an Ihre Zielgruppe wenden. Mehr noch: Bestenfalls informieren Sie mit den Inhalten Ihre Zielgruppe nicht nur, sie begeistern sie auch und binden sie mehr an Ihre Marke – bis hin zur erfolgreichen Conversion. Umso wichtiger ist es, Content-Marketing als ganzheitliche Strategie zu betrachten und niemals isoliert als einzelnes Instrument.

Interner und externer Content als Einstieg in den Marketing-Funnel
Grundsätzlich können wir zwischen „internem" Content auf der eigenen Website – beispielsweise in Form eines Blogs – und „externem" Content – auf Blogs von Dritten, Portalen oder Social-Media-Kanälen – unterscheiden. Beide Formen agieren als Doppelagenten, wenn sie sehr gut durchgeführt werden: Wirklich spannende Inhalte geben Ihrer Zielgruppe einen Mehrwert, verankern Ihre Marke positiv im Gedächtnis potenzieller Kunden und führen ihn langsam und unaufdringlich (!) durch den Marketing-Funnel und bis hin zur gewünschten Conversion.

Gleichzeitig spielen Sie auch in die SEO-Kasse ein, denn sehr guter extern Content verlinkt zu Ihrer Website (denken Sie an Ihr natürliches Backlinkprofil) und sorgt für mehr Traffic und Besucher auf der Website. Ausführlicher interner Content sorgt für ein sehr breit aufgestelltes Keyword-Portfolio, das auch Nischenkeywords abdeckt, die Sie vielleicht gar nicht auf dem Radar hatten. Außerdem erreichen Sie so hohe Klickraten und eine hohe Verweildauer auf der Website – alles positive Zeichen für die Suchmaschine, die die Sichtbarkeit erhöhen.

Doch Vorsicht: Niemals sollte Content nur für die Suchmaschine produziert werden, sondern immer für den Konsumenten, denn der merkt den Unterschied! Es ist auch nicht Sinn des Content-Marketings, Inhalte für Werbezwecke zu generieren. Ganz im Gegenteil, solcher Content schlägt die Zielgruppe vielmehr in die Flucht, als dass er ihn an Ihre Marke bindet. Laut der Studie „Missing the Mark" der Economist Group sind sogar bis zu 71 % der Leser von Texten abgestoßen, die offensichtlich den Verkauf eines Produkts oder einer Dienstleistung anstreben (vgl. Economist Group 2016).

Noch unschlüssig? Ein paar Fakten zum Content-Marketing
- **B2C-Fakten**
  - *84 %* erwarten Content von Marken (vgl. Meaningful Brands o. J.) (Worauf warten Sie noch?).
  - *40 %* wünschen sich weniger verkaufsheischende, stattdessen informative Newsletter (vgl. Adobe 2017).
  - *84 %* der Zielgruppe aus der sogenannten Millennium-Generation vertrauen nicht auf klassische Werbung (vgl. McCarthy Group 2014).
  - *70 %* der Internetnutzer möchten etwas über ein Produkt herausfinden, bevorzugt mithilfe von Content-Marketing im Vergleich zur traditionellen Werbung (vgl. MDG Advertising 2014).
- **B2B-Fakten** (vgl. PR-Gateway o. J.)
  - *95 %* der B2B-Kunden erkundigen sich nach Fachinformationen sowie ihren Geschäftspartnern im Internet.
  - *80 %* bevorzugen Informationen aus Artikeln, statt aus Anzeigen.

- *65 %* geben an, dass Content von potenziellen Geschäftspartnern starken Einfluss auf spätere Kaufentscheidungen hat.
- *57 %* des Einkaufsprozesses entscheiden sich bereits vor dem Erstkontakt mit einem Vertriebsmitarbeiter.

Vor- und Nachteile von Content-Marketing
- **Vorteile**
  - **Kanalübergreifend:** Qualitativer Content zahlt auch auf andere Online-Marketing-Kanäle und Instrumente wie SEO ein.
  - **Nachhaltige Investition:** Je nach Aktualität (und Aktualisierbarkeit) des Inhalts überdauert der Content auch im schnelllebigen Internet eine lange Zeit und wirkt sich dabei durchgehend positiv auf Ihre Website sowie Marke aus.
  - **Content-Recycling:** Das Wunderbare am Content-Marketing ist die Wiederverwendbarkeit und Aufarbeitung von bereits produzierten Inhalten für verschiedene Content-Formate und -Kanäle.
- **Nachteile**
  - **Zeitaufwand:** Die Generierung von qualitativ hochwertigem Content ist aufwendig.
  - **Kosten:** Neben dem Zeit- und Personalaufwand für wirklich guten Content ist die Distribution der generierten Inhalte per se nicht kostenlos.

Die Autorin
Victoria Rohrbach, die Gastautorin von Abschn. 2.4.4, verantwortet Content & Strategie bei der Sensational Marketing GmbH.

2.4.5   Influencer-Marketing

Gastbeitrag
Victoria Rohrbach
Was anfangs wie ein Trend anmutete, ist eine handfeste und ernstzunehmende Disziplin des Online-Marketings geworden, die über alle Branchen hinweg relevant ist – selbst im B2B-Bereich. Deswegen steht die Diskussion, ob Influencer-Marketing ein Teil der Online-Marketing-Strategie sein sollte, gar nicht mehr im Raum. Vielmehr sollten sich Marketer die Frage stellen, wie sie glaubwürdige und relevante Influencer einsetzen können.

Ähnlich wie beim Content-Marketing kommt es in dieser Disziplin auf wirklich gute Inhalte an – und auf Relevanz (ich kann es nicht oft genug betonen). Da Influencer maßgeblich die Meinung und das Bild der gemeinsamen Zielgruppe beeinflussen, ist es umso wichtiger, dass sie die Themen aufgreifen, die in ihre eigene Kommunikation passen und gleichzeitig die Werte und natürlich Inhalte des eigenen Unternehmens und der Marke widerspiegeln. Einen Influencer nur aufgrund seiner Reichweite auszuwählen, jedoch nicht darauf zu achten, ob das Produkt oder die eigene Unternehmenskommunikation grundsätzlich zu seinen Followern passen, wäre mitunter eine kostspielige Angelegenheit, aber auf jeden Fall vergebene Liebesmüh. Was trivial klingt, wurde schon von großen Unternehmen und auch sehr prominenten Influencern falsch umgesetzt.

Influencer in der Krise?

Auch wenn kurz vor dem Erscheinungszeitpunkt des Buchs hin und wieder von einer Vertrauenskrise gesprochen wurde, haben die digitalen Meinungsmacher immer noch eine große Bedeutung. Influencer-Marketing im B2C, insbesondere im Sport-, Mode/Beauty- & Lifestyle-Bereich funktioniert immer noch sehr gut. Wenn die Düsseldorfer Influencerin Romina (https://www.instagram.com/donnaromina/) auf Instagram ihre geshoppten Produkte vorstellt, kommt es nicht selten vor, dass diese kurz darauf ausverkauft sind. Auch die Fitnessbloggerin Pamela Reif (https://www.instagram.com/pamela_rf/) pusht so immer wieder Fitnessprodukte, die ihre Follower dank eines Rabattcodes zudem günstiger erhalten.

Laut einer Studie halten 57 % der befragten Marketing-Experten Influencer für glaubwürdig – die klassische Werbung hingegen wird nur von 47 % als glaubwürdig eingestuft (Hansmann 2017). Gleichzeitig zeigt die kritische Studie „Influencer 2.0", beauftragt von Wavemaker, dass 60 % der 14- bis 29-Jährigen in den letzten zwölf Monaten ein Produkt oder eine Dienstleistung kauften, die ein Influencer beworben hat. Immerhin 52 % der 30- bis 39-Jährigen wurden ebenfalls von Influencern beeinflusst (vgl. Brecht 2018).

Das Geheimnis liegt in der Art und Weise der Zusammenarbeit: Die Markenbotschaft sollte subtil sein und nicht erzwungen. Das funktioniert immer dann am besten, wenn der Influencer selbst den Markenauftritt organisiert, und dieser muss wiederum zu seiner Kommunikation passen und die Botschaft muss für die (gemeinsame) Zielgruppe relevant sein.

Influencer im B2B-Bereich?

Ein klares „Ja"! Gerade im B2B-Bereich sind Influencer sehr glaubwürdig. Geschäftliche Entscheidungen werden von Menschen getroffen. Und diese informieren sich sowohl beruflich als auch privat über Produkte und Dienstleistungen.

Sie folgen Menschen, die in ihrer Branche als Experten gelten, und legen dementsprechend auch viel Wert auf deren Meinung. In einer von G+J eIMS beauftragten
Studie gaben 37 % der Befragten über 40-Jährigen an, einen Lieblingsinfluencer
zu haben (vgl. Gruner+Jahr GmbH 2017). Eine Zusammenarbeit mit Influencern
ist also mehr als empfehlenswert.

▶   **Tipp** Nicht immer müssen es die Big Player unter den Influencern
    sein. Konzentrieren Sie sich auch auf sogenannte Micro- und Mini-In-
    fluencer. Diese Influencer haben nicht die enorme Reichweite von
    echten YouTube- & Instagram-Persönlichkeiten, dafür eine treue
    Follower-Gemeinde. Sie sind oftmals vertrauenswürdiger als sehr
    große Stars (vgl. Gruner+Jahr GmbH 2017).

Influencer für Ihre Branche finden Sie entweder in Zusammenarbeit mit einer
Agentur oder mit den nachfolgend aufgeführten Tools. Sie können sich aber auch
selbst auf die Suche begeben, indem Sie in YouTube oder Instagram nach Ihrer
Branche und branchennahen Themen suchen. Ich bin mir sicher, dass Sie sehr
schnell auf Influencer stoßen, die Sie kontaktieren können.

▶   **Extratipp** Sie haben mehr potenzielle Influencer, als sie glauben. Auch
    Ihre begeisterten Kunden oder Mitarbeiter können Ihre Influencer sein!

Tools
Mittlerweile gibt es Agenturen, die sich ausschließlich auf Influencer-Vermittlung
& Influencer-Kampagnen spezialisieren. Hilfreiche Tools für die Kontaktauf-
nahme und Auswertung sind außerdem:

- www.influencerdb.net
- www.influma.com
- www.hyprbrands.com
- www.buzzstream.com
- www.klear.com
- www.onalytica.com
- www.buzzbird.de

Dos and Don'ts

- Entscheiden Sie sich für Influencer, die zu Ihrem Unternehmen und Ihrer Kommunikation passen (vgl. Hirschfeld und Josche 2018) – Reichweite ist nicht alles.
- Überzeugen statt Überreden: Auch Influencer möchten wie Kunden behandelt werden, dabei gilt es, sie von Ihrem Produkt oder Ihrer Dienstleistung zu überzeugen (vgl. Hirschfeld und Josche 2018).
- Die Zusammenarbeit mit Influencern muss als Werbung gekennzeichnet werden, das gilt besonders für Instagram und YouTube, schadet aber auf anderen Kanälen ebenfalls nicht. Damit sind Sie auf der rechtlich sicheren Seite und gewinnen gleichzeitig an Trust bei der Zielgruppe – ebenso bei den Influencern (vgl. Gruner + Jahr GmbH 2017).

Vor- und Nachteile von Influencer-Marketing

- **Vorteile**
  - **Trust bei Ihrer Persona**: Geschickte Influencer haben eine hohe Glaubwürdigkeit bei Ihrer Zielgruppe, die sich auch auf Ihre Produkte oder Dienstleistungen überträgt.
  - **Unterstützung bei der Content-Erstellung**: Sie sind nicht mehr allein verantwortlich für den Content. Einen Teil übernimmt ab sofort der Influencer.
- **Nachteil**
  Kontrollverlust: Für eine wirklich gute Influencer-Kampagne muss der Influencer diese selbst gestalten dürfen. Nur so wirkt sie authentisch. Das bedeutet aber auch, dass Sie zumindest einen Teil der Kontrolle abgeben müssen.

Die Autorin

Victoria Rohrbach, die Gastautorin von Abschn. 2.4.5, verantwortet Content & Strategie bei der Sensational Marketing GmbH.

2.4.6 E-Mail-Marketing

In Zeiten von WhatsApp und Messengern könnte man meinen, dass E-Mails weniger genutzt werden. Mitnichten! Deutsche wünschen sich weiterhin zu über 55 %, per E-Mail von einer Marke kontaktiert zu werden (vgl. Adobe DACH 2016). Und das am liebsten mobil, denn: Über 69 % lesen ihre E-Mails regelmäßig mobil. Die Informationsflut nimmt stetig zu. Auch deshalb reagieren die Empfänger schnell genervt und tragen sich aus Listen aus, bei (vgl. Adobe DACH 2016)

- zu häufigen E-Mails von einer Marke (das besagen 45 % der Befragten),
- zu langen und schlecht geschriebenen E-Mails (33 %),
- zu langen E-Mails, bei denen sehr lange gescrollt werden muss, um die E-Mail mobil lesen zu können (26 %),
- zu langen Ladezeiten der E-Mails (17 %).

Wir können also festhalten, dass im Online-Marketing E-Mails weiterhin eine wichtige Rolle für Unternehmen spielen, jedoch die Erwartungen der Empfänger berücksichtigt werden sollten. Auch ich muss gestehen, dass ich E-Mail-Marketing längere Zeit für einen alten Hut bzw. für nicht zukunftsfähig gehalten habe. Mit der Zeit habe ich jedoch die Vorteile dieses Kanals entdeckt und sehe ihn als wichtigen Baustein für viele Online-Marketing-Cockpits. In den Suchergebnissen sind Sie einer von ganz vielen – im E-Mail-Postfach haben Sie oft die ganze Aufmerksamkeit des Empfängers.

Double Opt-in

Das Double-Opt-in-Verfahren dient als Zustimmungsverfahren im E-Mail-Marketing: Der Nutzer erhält nach dem Eintragen in einen Newsletter eine E-Mail, in der er ausdrücklich die Anmeldung noch einmal bestätigt. Dies ist insbesondere seit dem 25. Mai 2018, dem Inkrafttreten der DSGVO, sehr wichtig, da Sie als Unternehmen in der Beweispflicht sind, dass Sie die Versanderlaubnis des Empfängers erhalten haben (vgl. Voigt und von dem Bussche 2018, S. 128). Jedoch sollten Sie beachten, dass diese Erlaubnis nach anderthalb Jahren der Inaktivität wieder verfallen kann. Haben Sie diese Zeit bereits überschritten, müssen Sie eine erneute Opt-in-E-Mail zur Bestätigung versenden (vgl. Kulka 2013, S. 261).

E-Mail-Versand

Für den Versand Ihrer E-Mails sollten Sie auf eine professionelle Lösung zurückgreifen. Dabei unterscheiden wir zwei Möglichkeiten: ein eigenes Hosting (on premise) und externe Lösungen (Software as a Service, kurz SaaS). Die Vor- und Nachteile der beiden Möglichkeiten führe ich Ihnen nachstehend auf:

Vor- und Nachteile des eigenen Hostings
- **Vorteile:**
  - **Datenhoheit:** Nur Sie können die E-Mail-Daten einsehen.
  - **Kein externer Einfluss auf Ihre Reputation:** Die Reputation entscheidet, ob Sie zum Empfänger durchkommen bzw. als Spam klassifiziert werden. Bei externen Lösungen könnten andere E-Mail-Versender (Unternehmen) Spam versenden und so auch Ihre Reputation potenziell schaden.
- **Nachteile:**
  - Höherer Wartungsaufwand der Software und Hardware
  - Schwer kalkulierbare Kosten
  - Aktive Bemühung um das Whitelisting (für eine positive Reputation)

Vor- und Nachteile einer externen Lösung
- **Vorteile:**
  - kalkulierbare Kosten (prepaid, monatlich oder jährlich)
  - kein Wartungsaufwand
  - Updates können schnell eingesetzt werden
- **Nachteile:**
  - tendenziell teurer
  - Daten werden extern gespeichert

Ausschlaggebend für die Entscheidung zwischen diesen beiden Lösungen ist die eigene, interne IT. Falls Sie ohnehin die Kapazitäten für ein eigenes Hosting haben, bietet sich on premise oder sogar eine Eigenentwicklung an. Andernfalls können Sie aufgrund der gut kalkulierbaren Kosten und Skalierbarkeit auf eine SaaS-Lösung zurückgreifen. Alternativ können Sie auch eine Mischform aus beiden erhalten, die lediglich die Schnittstelle (API) von einem externen Anbieter nutzt. Beispielsweise können Sie mithilfe Ihres Shopsystems sämtliche Konfigurationen, wie die Gestaltung der E-Mail, vornehmen und nutzen lediglich die Dienste von Amazon Simple Email Service. Ansprechende Konfigurationen oder Reports bei diesen Anbietern fehlen gänzlich. Der große Vorteil dieser Lösung ist der Preis: Pro tausend E-Mails fallen lediglich zehn Cent an (vgl. Kulka 2013, S. 93).

Eine Übersicht der möglichen Anbieter, geordnet nach den Lösungsmöglichkeiten, finden Sie in Abb. 2.17.

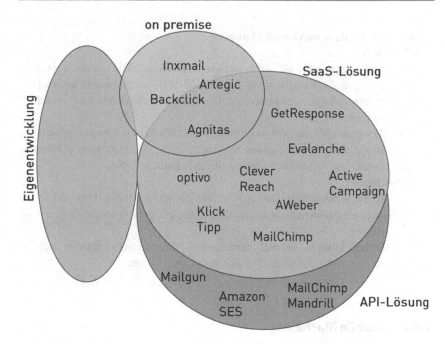

Abb. 2.17 Überblick über die möglichen E-Mail-Marketinglösungen. (Quelle: In Anlehnung an Kulka 2013, S. 93)

Wenn Sie sich einmal für eine Lösung entschieden haben, geht es darum, möglichst zahlreiche und qualitativ hochwertige Abonnenten zu generieren. Dazu werden Sie in der darauffolgenden Phase „Content" (Abschn. 2.5) die entsprechenden Inhalte festlegen. Denn neben einem Newsletter können Sie spezielle Leadmagneten nutzen, die darauf abzielen, die Interessenten in Ihren Trichter hineinzuziehen und nach und nach weiter zu qualifizieren. Die Qualifizierung können Sie später automatisiert (siehe Phase „Automatisierung" in Abschn. 2.8) vornehmen, indem Sie dem Interessenten beispielsweise nach einem E-Book ebenfalls eine Webinar-Einladung, Case Studies und einen Bonus-Inhalt zusenden. Die Inhalte können Sie auch sehr gut tagbasiert versenden, da Sie Ihre Zielgruppe immer besser segmentieren können. Ein Tag bedeutet ein Schlagwort. Und diese Tags können Sie beliebig vergeben. Zum Beispiel können Sie Neukunden und Stammkunden segmentieren, die unterschiedliche Angebote erhalten. Einige Fallbeispiele von tagbasierten E-Mail-Marketing-Kampagnen finden Sie unter https://bastiansens.de/outtagkp.

Vor- und Nachteile von E-Mail-Marketing

- **Vorteile**
  - **Zielgruppe schnell und gezielt erreichen:** Mit einem relativ geringen Aufwand können Sie eine E-Mail erstellen und an Zielgruppen(-Segmente) versenden. Die E-Mail landet direkt im Postfach des Empfängers.
  - **Transparent:** Sie können Öffnungs- und Klickraten sehr gut messen.
  - **Investition in Ihr eigenes System:** Die E-Mail-Adressen gehören Ihnen. Auf diese Daten können Sie stets zurückgreifen.
- **Nachteile**
  - **Keine viralen Effekte:** Im Vergleich zu Social-Media-Portalen können keine Informationen öffentlich von einer Person an andere geteilt werden.
  - **Daten können schnell veralten:** E-Mail-Adressen ändern sich, daher werden Sie oftmals einige Bounces erhalten.

2.4.7   Mobile Marketing

Die Welt wird immer mobiler. Allein in Deutschland fanden 68 % der privaten Internetnutzung auf dem Smartphone und davon 94 % innerhalb von Apps statt. Dabei müssen wir jedoch berücksichtigen, dass Apps für Nachrichten, Musik, Online-Shops etc. miteinbezogen werden. Doch trotzdem ist der Anteil der mobilen Internetnutzung in den letzten Jahren drastisch angestiegen. Hierbei greifen die Smartphone-Besitzer bei wiederkehrender Nutzung stets auf Apps, bei sporadischen Recherchen eher nur auf Websites zurück (vgl. Rieber 2017, S. 10).

Für Ihr Unternehmen können Sie Apps oder Chatbots entwickeln. Sie können innovative Werbeformate testen und beispielsweise standortbezogen Ihre Persona mit individuellen Angeboten ansprechen. Strategisch betrachtet kann Mobile Marketing abteilungsübergreifend zu ganz neuen Lösungen und Ansätzen führen, die letztlich Ihrer Zielgruppe einen großen Mehrwert bringt. Sie können mit Ihrer Zielgruppe eine engere Bindung aufbauen und letztlich höhere Umsätze erzielen.

Beim Mobile Marketing wird zwischen folgenden Kategorien unterschieden:

- **Mobile Web:** Beinhaltet Maßnahmen für die Bereitstellung einer mobilfreundlichen Website bzw. eines Shops, der Auffindbarkeit in Suchmaschinen und responsive E-Mails. Im B2B-Bereich kann der Anteil mobiler Zugriffe eventuell noch gering sein. Prüfen Sie unbedingt die Unterschiede hinsichtlich der Absprungrate oder auch der Conversion-Rate in Google Analytics. Gehen Sie dazu auf „Zielgruppe – Mobil – Übersicht". In der Analyse kann beispielsweise auffallen, dass die Absprungraten bei „mobil" höher sind als bei „desktop". Dies gilt es dann zu analysieren und zu optimieren.

- **Mobile App**: Beinhaltet die Bereitstellung einer mobilen App für Android und iOS. Eine App ist immer dann sinnvoll, wenn Besucher regelmäßig auf einen Inhalt zugreifen und dies durch eine App erleichtert werden kann. Ein Beispiel dafür ist der Prozesskostenrechner der FORIS AG (https://www.foris.com/service-center/prozesskostenrechner.html). Um die App-Downloads zu erhöhen, sollten Sie App Store Optimierung (ASO) durchführen. Mit ASO verbessern Sie Ihre Positionen in den Suchergebnissen von iTunes und dem Play Store. Falls Sie keinen hohen Anteil wiederkehrender Besucher haben, sollten Sie auf eine responsive Website bauen.
- **Mobile Advertising**: Berücksichtigt explizit Werbeformen, die auf mobile Endgeräte abzielen. Beispielsweise können Sie in Google Ads explizit nur Smartphone-Nutzer mit einer Anzeige ansprechen. Remarketing können Sie sogar noch spezifischer gestalten. In Facebook können Sie mithilfe von Werbeanzeigen iPhone-7-Besitzer adressieren. Das kann sinnvoll sein, wenn Sie Handy-Zubehör verkaufen oder in Google Analytics sehen, dass iPhone-Nutzer besser konvertieren und einen höheren durchschnittlichen Warenkorb haben. Gehen Sie dazu auf „Zielgruppe – Mobil – Geräte".
- **Proximity Marketing**: Berücksichtigt Marketingaktivitäten, die sich insbesondere auf den lokalen Standort der mobilen Surfer beziehen.
- **Messaging & Chatbots**: Beinhaltet die Kommunikation via Messenger, wie WhatsApp, Facebook etc. Beispielsweise können Sie via WhatsApp einen Newsletter oder aktuelle Angebote an eine Gruppe versenden.

2.4.8   Weitere Suchsysteme

Google ist zwar der Marktführer unter den Suchmaschinen, doch existieren daneben auch noch weitere Suchsysteme, die sekundär genutzt werden. Sekundär bedeutet dabei, dass diese ggf. über eine Suche in Google gefunden oder direkt aufgesucht werden. Ein klassisches Beispiel für ein solches Suchsystem ist Jameda.de. Jameda hat sich in den letzten Jahren zu dem Bewertungsportal von Ärzten entwickelt. Das Portal hat einen sehr großen Bekanntheitsgrad und bietet Ärzten eine interessante Möglichkeit, Patienten zu gewinnen. Wie auch auf anderen Portalen können Ärzte favorisierte Positionen in den Suchergebnissen auf Jameda für ein zahlungspflichtiges Paket buchen. Dadurch erhalten sie eine größere Aufmerksamkeit und damit potenziell mehr Patienten.

Das gleiche Prinzip existiert auch in anderen Branchen. Ausgangspunkt für die Herausstellung Ihrer eigenen Suchsysteme ist immer Ihre Personadefinition. Wo surft Ihre Persona?

Weitere Beispiele für Suchsysteme können folgende sein:

- idealo
- Amazon
- wlw.de
- gelbeseiten.de

Für Ihr Bewerbermarketing:

- indeed
- stellenwerk-koeln.de (Jobportal der Universität Köln)
- StepStone
- aubi-plus.de

Setzen Sie mit Google nicht alles auf ein Pferd. Nutzen Sie die weiteren Suchsysteme, um nachhaltig unabhängig von Google agieren zu können. Nicht selten können Sie in diesen Suchsystemen höhere Conversion-Rates bzw. einen höheren Return on Marketing Investment (ROMI) erreichen.

2.4.9   Die Priorisierung der Kanäle und Instrumente

Aufgrund Ihrer Personadefinitionen kennen Sie bereits die Kanäle und Instrumente, auf die Sie zurückgreifen sollten. Doch alle Maßnahmen auf einmal zu wählen, das würden Ihr Budget und Ihre personellen Ressourcen nicht ermöglichen. Wie es auch Herr Professor Dr. Ralf E. Strauss (Präsident des Deutschen Marketing Verbands) in seinem Interview mit dem Horizont-Magazin erläutert, sollten die Budgets flexibilisiert werden (vgl. Müller 2017). Es wird Ihnen keinen Erfolg bringen, über vier Jahre in Facebook-Marketing zu investieren, um dann zu merken, dass Facebook vielleicht nicht der richtige Kanal ist. Selbstverständlich benötigt jeder Kanal bzw. jedes Instrument eine gewisse Anlaufzeit mit wachsenden Erfahrungswerten und iterativen Optimierungen. Dennoch sollten Sie Ihre Budgets nicht fix auf Kanäle und Instrumente verteilen.

Ein Ansatz könnte sein, dass Sie für Ihr Team eine Untergrenze des Return on Marketing Investments (ROMI) festlegen, die mindestens erreicht werden

soll. Der ROMI errechnet sich einfach durch die folgende Rechnung: Einnahmen
durch das Marketing / Marketingausgaben. Eine Budgetvorgabe für feste Kanäle
oder Instrumente erteilen Sie nicht, sondern geben nur die Untergrenze des ROMI
an. Dadurch können Budgets leicht flexibilisiert werden. Demgemäß führen Sie
nicht mehr nach Aufgaben (zum Beispiel: „erstelle eine Facebook-Kampagne"),
sondern nach Zielen (zum Beispiel „nutze Social Media, um einen ROMI von
mindestens 5 zu erreichen").

Ich empfehle Ihnen, den Umstieg von der Führung nach Aufgaben auf die
Führung nach Zielen schrittweise durchzuführen. Die Mitarbeiter müssen
zunächst Erfahrungen mit der neuen Online-Marketing-Strategie machen. Bis
dahin sollten Sie Ihre Kanäle und Instrumente priorisieren, um Ihre Ressourcen
optimal zu verteilen. Dazu verwenden wir sowohl den Wettbewerbsvergleich als
auch die SWOT-Analyse. Diese Analysen sind insbesondere im Search-Bereich
hilfreich, da dort die Anzahl der Positionen auf der ersten Suchergebnisseite limi-
tiert ist. Wenn Ihr Wettbewerb im SEO-Bereich stark ist, kann es schwierig und
langwierig sein, diese zu überholen. Im Social-Media-Bereich ist dies nicht der
Fall, weil die Portale auf News-Feeds setzen und eine Limitierung der Anzeigen-
plätze größtenteils nicht gegeben ist. Demzufolge ist eine Priorisierung im Social-
Media-Bereich lediglich aufgrund der Personapriorisierungen notwendig.

Als B2B-Unternehmen ist der Gatekeeper tendenziell die wichtigste Person für
Ihr Online-Marketing, um überhaupt für die Kaufentscheidung berücksichtigt zu
werden. Für B2C-Unternehmen könnte die Persona am interessantesten sein, die
ihnen die größte Marge generiert. Potenziell werden diese Personae unterschiedliche Portale im Internet nutzen. Diese sollten Sie dann anfangs priorisieren.

2.4.9.1 Der Wettbewerbsvergleich

Für die Auswahl Ihrer Online-Marketing-Kanäle und -Instrumente ist der Blick
auf Ihre Wettbewerber sinnvoll. Er gibt Ihnen eine Übersicht, wo Ihre Wettbewerber stark und wo sie schwach sind bzw. welche Kanäle und Instrumente
von ihnen nicht bedient werden. Wenn wir diese Wettbewerbsbetrachtung mit
Ihrem Status quo vergleichen, können wir bereits erste Schlüsse für Ihr Online-
Marketing ziehen – insbesondere dann, wenn wir diese Informationen mit denen
des Marktes und Ihrer Zielgruppe ins Verhältnis setzen.

Für Ihre Analyse habe ich Ihnen unter https://bastiansens.de/outwettbewerb
eine Excel-Liste zum Download bereitgestellt. In der Spalte A sollten Sie Ihre
Domain und die Ihrer wichtigsten Wettbewerber aufführen. In die erste Zeile
tragen Sie die Kanäle und Instrumente ein, die Ihre Personae nutzen (siehe
Abschn. 2.2). In der zweiten Zeile definieren Sie KPIs, um die Aktivitäten
der Domains zu bestimmen. Beispielsweise habe ich für den SEO-Bereich den
Sistrix-Sichtbarkeitsindex definiert, der die Sichtbarkeit der Domain in Google

	SEO	SEA	Facebook	Instagram
KPIs	Sichtbarkeitsindex (Sistrix)	Anzahl gebuchter Keywords (Sistrix)	Follower	Follower
naehszene.de	0,0355	94	3114	327
naehwelt-flach.de	0,5982	2168	38099	920
naehmaschinen-center.de	1,306	1027	513	79
naehpark.com	0,2394	1569	36752	7952

Abb. 2.18 Online-Marketing-Wettbewerbsvergleich für das Unternehmen Nähszene |
TURM-Stoffe GmbH – Auszug

angibt (s. Abb. 2.18). Je höher der Index ist, desto höher ist die Sichtbarkeit. Bei
den Online-Marketing-Instrumenten ist die Vergleichbarkeit schwieriger zu messen. Deshalb können Sie bei Influencer- oder Content-Marketing meiner Ansicht
nach nur bestimmen, ob dies aktiv betrieben wird oder nicht. Dies reicht auch für
die Analyse aus, denn letztlich möchten wir nur bestimmen, ob es sinnvoll ist, in
dieses Instrument zu investieren, oder nicht.

Nachdem Sie Ihre Daten eingegeben haben, können Sie schließlich die Kanäle
und Instrumente herausstellen, die für Sie Potenziale offenbaren. Besonders im
Search-Bereich ist diese Analyse wichtig: Wenn Ihre Wettbewerber durchgängig
bereits die vordersten Positionen für die wichtigsten Keywords belegen, empfehle ich Ihnen, diese Kanäle zuerst nicht zu priorisieren. Potenziell werden Ihnen
andere Kanäle und Instrumente schnellere Erfolge bringen. Die weitere Unter-
gliederung und Einschätzung sollten Sie in der SWOT-Analyse durchführen.

▶   **Tipp** Mithilfe der Website similarweb.com können Sie analysieren,
     über welche Websites Ihre Wettbewerber ihren Traffic erhalten.

2.4.9.2 SWOT-Analyse

Wir nutzen nun die Informationen aus dem Wettbewerbsvergleich und setzen
diese in die SWOT-Analyse ein. SWOT ist ein englisches Akronym für Strengths/
Stärken, Weaknesses/Schwächen, Opportunities/Chancen, Threats/Gefahren.
Dabei interessieren uns weniger Aspekte der Unternehmensstrategie, sondern
vielmehr sämtliche Aspekte des Online-Marketings. Wir möchten ebenfalls fest-
halten, auf welchen Kanälen oder durch welche Instrumente Sie stark sind, wo
Ihre Schwächen liegen, welche Chancen Sie haben und welche Gefahren durch
Ihr Umfeld lauern (s. Abb. 2.19).

In den Bereichen Chancen und Gefahren können Sie insbesondere die Wett-
bewerbsanalyse aus dem vorherigen Abschnitt nutzen. Sie können herauslesen,
wo Potenziale bestehen und wo die Konkurrenten weit entfernt sind. Markttrends
sind für die Chancen und Gefahren ebenfalls zu berücksichtigen.

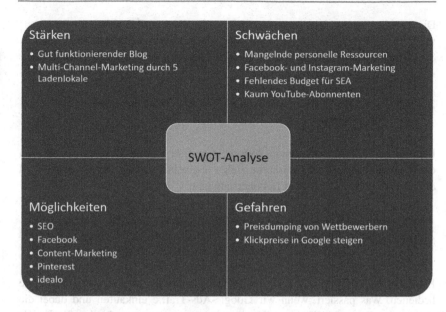

Abb. 2.19 SWOT-Analyse für das Online-Marketing

Für die einzelnen Bereiche der SWOT-Analyse finden Sie nachstehend einige weitere Beispiele.

- **Stärken**
  - Gute Beziehungen zu Influencern
  - Schnelle Umsetzung von Ideen durch standardisierte Prozesse
  - Weitere Aspekte aus Phase eins des Cockpits hinsichtlich der Positionierung
- **Schwächen**
  - Geringe Sichtbarkeit in Google
  - Geringe Markenbekanntheit
  - Geringes Marketingbudget
- **Chancen**
  - Kanäle und Instrumente, bei denen hohes Potenzial besteht
  - Besetzen von Nischen aus Phase eins (EKS®)
- **Gefahren**
  - Steigende Klickpreise
  - Innovationen, wie neue Software oder Produkte

Die SWOT-Analyse bietet Ihnen letztlich einen sehr guten Überblick für Ihr Unternehmen, um das eigene Online-Marketing in Bezug auf den Markt zu beurteilen. Sie können Chancen erkennen, aber auch Gefahren im Vorfeld eher absehen.

2.4.10 Wie viel Traffic benötigen Sie, um Ihre Umsatzziele zu erreichen?

In Abschn. 2.3 haben wir herausgestellt, dass Ihre Online-Marketing-Ziele von den Unternehmens- bzw. Marketingzielen abgeleitet werden. Maßgeblich wird die Zielerreichung durch zwei Hebel ermöglicht:

1. Steigerung der Besucherzahlen: Durch organischen respektive erkauften Traffic
2. Steigerung der Conversion-Rate: Durch Verbesserung der Traffic-Qualität und Optimierung der Website, welche wir in Abschn. 2.6 behandeln werden

Für die Annäherung dieser Zielerreichung können wir uns einer whatif-Analyse bedienen. Was passiert, wenn wir Google-Ads-Traffic einkaufen und dabei die Conversion-Rate stabil halten? Was passiert, wenn wir sowohl den Traffic als auch die Conversion-Rate optimieren? Immer unter der Prämisse, dass wir die Personae aus Abschn. 2.2 als Zielkunden anvisieren. Nur dann rentiert sich das Online-Marketing für Sie.

Für die Berechnung Ihrer individuellen whatif-Analyse können Sie die Excel-Datei unter https://bastiansens.de/outwhatif herunterladen und hinsichtlich Ihrer Kennziffern bearbeiten. Eine Videoanleitung zur Bedienung dieser Excel-Liste habe ich Ihnen unter https://bastiansens.de/outwhatifvideo bereitgestellt.

Auch wenn wir keine absolute Gewissheit haben, welcher Kanal oder welches Instrument Ihnen einen bestimmten Umsatz generiert, können wir diesen zumindest annähernd berechnen. Henry Ford, der den berühmten Spruch: „Ich weiß, die Hälfte meiner Werbung ist hinausgeworfenes Geld. Ich weiß nur nicht, welche Hälfte", äußerte, wäre froh um die Möglichkeiten in der heutigen Zeit. Sie können heutzutage jede einzelne Maßnahme hinsichtlich deren Return on Investment (ROI) prüfen. Das werden wir in der siebten Phase des Online-Marketing-Cockpits auch umsetzen.

Ihr Online-Marketing-Cockpit

Schreiben Sie schließlich in Ihr Online-Marketing-Cockpit, welche Kanäle und Instrumente Sie für Ihr Online-Marketing einsetzen möchten. Grundlage dafür sind immer Ihre Personae und welche Kanäle diese nutzen. Dort – und nur dort – sollten Sie präsent sein. Es genügt, wenn Sie in Ihr Cockpit die Namen Facebook, SEO usw. schreiben.

Die Priorisierung können Sie mithilfe des Wettbewerbsvergleichs bestimmen. Insbesondere wenn Ihr Wettbewerb im Search-Bereich die Top-Positionen der wichtigsten Keywords besetzt, könnte es sinnvoll sein, zunächst andere Kanäle oder Instrumente zu priorisieren. In dem Cockpit können Sie die priorisierten Kanäle und Instrumente unterstreichen.

Weiterführende Literatur
- Beilharz, F. (2017). *Crashkurs Social.Local.Mobile-Marketing.* Freiburg: Haufe.
- Beilharz, F., Kattau, N., & Kratz, K. (2017). *Der Online-Marketing-Manager: Handbuch für die Praxis.* Heidelberg: dpunkt.
- Erlhofer, S. (2018). *Suchmaschinen-Optimierung.* Bonn: Rheinwerk.
- Hirschfeld, S. T. von, & Josche, T. (2017). *Lean Content Marketing: Groß denken, schlank starten. Praxisleitfaden für das B2B-Marketing.* Heidelberg: dpunkt.
- Lammenett, E. (2017). *Influencer Marketing: Chancen, Potenziale, Risiken, Mechanismen, strukturierter Einstieg.* o. O.: CreateSpace Independent Publishing Platform
- Lammenett, E. (2017). *Praxiswissen Online-Marketing: Affiliate- und E-Mail-Marketing, Suchmaschinenmarketing, Online-Werbung, Social Media, Facebook-Werbung.* Wiesbaden: Springer Gabler.
- Löffler, M. (2014). *Think Content!: Content-Strategie, Content-Marketing, Texten fürs Web.* Bonn: Rheinwerk.
- Pein, V. (2017). *Der Social Media Manager: Das Handbuch für Ausbildung und Beruf.* Bonn: Rheinwerk.
- Pelzer, G., & Gerigk, D. (2018). *Google AdWords: Das umfassende Handbuch.* Bonn: Rheinwerk.
- Rieber, D. (2017). *Mobile Marketing. Grundlagen, Strategien, Instrumente.* Wiesbaden: Springer Gabler.
- Sens, B. (2018). *Suchmaschinenoptimierung: Erste Schritte und Checklisten für bessere Google-Positionen.* Wiesbaden: Springer Gabler.
- Schlömer, B. (2017). *Inbound! Das Handbuch für modernes Marketing.* Bonn: Rheinwerk.
- Walker, J. (2015). *Launch. Die Ultimative Anleitung für das E-Mail-Marketing.* Kulmbach: books4success.

2.5   Phase 5: Contentauswahl und -erstellung

Sobald Sie Ihre Online-Marketing-Kanäle und -Instrumente bestimmt haben, geht es um die Inhalte. Einfach einen Blog anzufangen oder die Facebook-Seite mit irgendwelchen Zitaten zu befüllen, ist nicht empfehlenswert. Ich empfehle Ihnen, strategisch an Ihre Inhalte heranzugehen! In der fünften Phase des Cockpits entwickeln Sie Ihre Content-Strategie, die sowohl für die Kanäle und Instrumente als auch für Ihre Basis gilt: Ihre Website.

In Phase zwei haben Sie Ihre Personae aufgrund Ihrer Positionierung bestimmt. Sie kennen deren brennendstes Problem bzw. welchen Bedarf Sie mit Ihrem Angebot abdecken. Diesbezüglich müssen Sie alle Ihre Inhalte abstimmen. Sie möchten sich vom Wettbewerb abheben und das schaffen Sie mit Inhalten, die überzeugen und im Gedächtnis bleiben. Ein gutes Beispiel dafür war True Fruits in Abschn. 1.1. Sie schafften es, auf kreative Weise für Aufmerksamkeit zu sorgen. Im B2B-Bereich gibt es ebenfalls einige gute Beispiele für solch kreative Inhalte. Das Unternehmen Bluhm Systeme, ein Anbieter von Kennzeichnungslösungen wie Etikettendrucker, schafft es, auf seinem Blog durch informative, aber auch teilweise witzige Blogartikel im Gedächtnis der Besucher zu bleiben. Den Blog erreichen Sie unter https://www.bluhmsysteme.com/blog/. Schauen Sie sich auch unbedingt die Artikel aus der Kategorie „Etiketten können mehr" an.

Ihre Zielgruppe wird überflutet mit Informationen, deshalb gilt es, keine „08/15-Inhalte" zu erstellen. Sie müssen für Aufmerksamkeit sorgen. Sie müssen Ihre Positionierung punktuell in Ihre Inhalte einbringen. Und diese Inhalte sind an jeder Stelle Ihrer Webpräsenzen zu finden:

- Produkt- oder Dienstleistungsseite
- Stellenbeschreibungsseite
- Kontaktseite
- Meta-Descriptions
- Bannerwerbung
- Interviews mit Fachzeitschriften
- Gastbeiträge auf Blogs
- Newsletter
- Google-Ads-Anzeigen
- usw.

Überall dort, wo Sie Content produzieren, müssen Sie ganz klar Ihre Positionierung einsetzen. Ein einfaches Beispiel ist der Online-Shop foliesen.de. Foliesen positioniert sich – in Abgrenzung zum Wettbewerb – mit den Werten Qualität „Made in Germany". Da diese Qualität über einen Online-Shop schwer erkennbar ist, bietet das Unternehmen kostenlose Probemuster an (s. Abb. 2.20).

Mit dem Angebot einer Probezusendung hat sich Foliesen von seinen Wettbewerbern klar abgegrenzt. Auf dem Shop findet man deshalb auch sehr präsent ein Video dazu (s. Abb. 2.21).

Damit kommen wir auch zu dem ersten wichtigen Aspekt für Ihren Content: Reziprozität.

Alte, hässliche Fliesen | mit Folie neu gestalten | foliesen.de
[Anzeige] www.foliesen.de/ ▾ 0800 5893437478
4,9 ★★★★★ Bewertung für foliesen.de
Jetzt kostenlose Probemuster anfordern! mehr als 100.000 Kunden. Sondergrößen möglich. persönliche Beratung. schneller Versand. kostenlose Muster. Ausstattung: FoLIESEN **Fliesenaufkleber**, kostenlose Muster, für Küche und **Bad**, für Wandfliesen, wieder ablösbar.

Fliesenaufkleber
Riesenauswahl dekorativer Muster
& Motive. Wohnen Sie schöner!

Fliesenbilder
Für mehr Atmosphäre in Küche und
Badezimmer. Einfach schöner wohnen!

Abb. 2.20 Google-Ads-Anzeige von foliesen.de. (Google und das Google-Logo sind eingetragene Marken von Google Inc., Verwendung mit Genehmigung). (Quelle: Google)

FOLIESEN®

mit uns gestalten Sie Ihre Fliesen neu

Fliesenaufkleber ▾ Fliesenbilder / Fliesenposter Werkzeuge & Zubehör Reinigungsmittel Gutscheine Blog

❯ Geschenkgutscheine kaufen

Suchen 🔍

Sie sind hier: Home » Fliesenaufkleber » Probemuster » Unifarben glänzend

Probemuster
Unifarben glänzend

Kategorien

▾ Fliesenaufkleber
▾ Probemuster
  Unifarben glänzend
  Unifarben matt
  Unifarben metallic
  Mosaik
  Dekor
3D-Fliesenaufkleber
  ▸ Fliesengröße 10x10 cm
  ▸ Fliesengröße 10x20 cm
  ▸ Fliesengröße 15x15 cm
  ▸ Fliesengröße 15x20 cm
  ▸ Fliesengröße 20x20 cm
  ▸ Fliesengröße 20x25 cm

Probemuster Fliesenaufkleber

Sie sind bei der Dekor- oder Farbauswahl der Fliesenaufkleber noch unschlüssig?

Oder möchten Sie sich erst von Funktion und Qualität der Produkte überzeugen?

Mit unseren Probemustern gehen Sie auf Nummer Sicher.

Lassen Sie sich einfach Ihre Favoriten nach Hause schicken.

So können Sie sich anhand der originalen Folien die passende auswählen.

Mit den Mustern können Sie bereits eine Testverklebung durchführen und sich von der Qualität überzeugen.

Abb. 2.21 Probemuster-Video auf foliesen.de. (Quelle: FoLIESEN e. K. o. J.)

2.5.1   Reziprozität

Sind Sie Differenzierer oder Kostenführer? Diese Frage haben Sie für sich in der ersten Phase des Online-Marketing-Cockpits bereits beantwortet. Das Mittelmaß führt zwangsläufig zu einer niedrigeren Rentabilität. Im Online-Marketing kämpft das Mittelmaß üblicherweise mit mittelmäßigen Inhalten um die Aufmerksamkeit – mit Inhalten, die die Engpässe der Zielgruppe kaum berühren, geschweige denn lösen. Deshalb sollten Sie entweder Differenzierer oder Kostenführer sein. Dabei haben es Kostenführer sicherlich einfacher im Online-Marketing: Sie argumentieren mit dem Preis – Punkt. Ein Differenzierer muss seinen höheren Preis im Premium-Bereich erläutern: Warum ist er der beste Anbieter? Um das zu erklären, können Sie einen einfachen „Trick" aus der Psychologie des Überzeugens nutzen: die Reziprozität. Verschenken Sie etwas Wertvolles, um Ihr Produkt bzw. Ihr Know-how zu spüren, zu testen, zu riechen. Riechen? Ja, das kennen Sie aus Ihrer Parfümerie: Die kleinen Duftproben, die Sie bei einem Kauf beigelegt bekommen, sind ein Anreger zum Kauf eines weiteren Parfüms. Dieses Prinzip nutzen wir auch im Online-Marketing, jedoch nicht nur für Bestandskunden, sondern insbesondere auch für Interessenten.

Wie bereits als Beispiel aufgeführt, nutzt Foliesen dieses Prinzip der Reziprozität hervorragend. Sie erhalten ein Probemuster kostenlos und müssen dafür lediglich die Versandkosten tragen. Ein fairer Deal. Für Foliesen besonders interessant, da Sie nun auch Kunde sind – Foliesen erhält Ihre Kontaktdaten – ein erster Schritt ist getan. Doch das Prinzip der Reziprozität ist im Online-Marketing noch vielfältiger und muss nicht immer ein Probemuster sein. Dienstleister können ein E-Book erstellen, um ihr Know-how aufzuzeigen. Ärzte könnten wöchentlich ein kostenloses Webinar anbieten, in dem individuelle Fragen gestellt werden können. Es ist extrem wichtig, dass Sie mit Ihrer Zielgruppe in Berührung kommen. So ziehen Sie sie in Ihren Trichter des Online-Marketings, um später Ihre wertvollen Produkte oder Dienstleistungen zu verkaufen.

Weitere Beispiele für Reziprozität
- Das Probekapitel zu meinem Buch „Schluss mit 08/15-Websites" unter https://sensational.marketing/buch-schluss-mit-0815-websites/
- Kostenloser Persönlichkeitstest von Gedankentanken unter https://www.life.club/lp/anmeldung-perstest
- Prozesskostenrechner für Anwälte von der FORIS AG unter https://www.foris.com/service-center/prozesskostenrechner.html

2.5.2 Social Proof

Es ist Sommer und Sie stehen vor zwei Eisdielen: Die eine ist leer, vor der anderen steht eine lange Schlange und wartet. Wohin gehen Sie? Wenn Sie nicht in drei Minuten Ihren Zug bekommen müssen, sicherlich zu der Eisdiele mit der Schlange. Dieses Prinzip nennt sich soziale Bewährtheit oder auf Neudeutsch „Social Proof". Auf das Online-Marketing bezogen, bedeutet das für Sie, dass Sie online zeigen müssen, wie lang bei Ihnen die Schlange ist.

Kundenbewertungen
Der erste einfache Schritt, ist Kundenbewertungen einzuholen und professionell darzustellen. Für die Darstellung der Bewertungen nutzen Sie am besten ein Bewertungstool, wie zum Beispiel:

* Proven Expert oder eKomi für Websites
* Trusted Shops für Online-Shops
* Kununu als Arbeitgeber

Sie erhalten mit diesen Anbietern eine professionelle Plattform für Ihre Bewertungen und sind somit vertrauenswürdig. Kontraproduktiv wäre eine Kundenbewertung auf Ihrer Website, wie „B.S. aus L. sagt ...". Den Inhalten von Plattformen vertrauen wir Menschen eher, wenn die Bewertungen insbesondere *nicht* zu 100 % perfekt sind. Vertrauenswürdiger wird Ihr Unternehmen, wenn Sie auch einmal schlechtere Bewertungen haben und Sie professionell auf diese eingehen – indem Sie sie kommentieren (vgl. Ruttkowski 2014). 4,5 Sterne verkaufen laut der Studie übrigens dreimal besser als fünf Sterne.

Weitere Social Proofs
Neben den Kundenbewertungen können Sie auch noch weitere Social Proofs einsetzen. Das macht das Portal für Arztempfehlungen Jameda besonders gut. Unten in Abb. 2.22 erkennen Sie die sehenswerten Daten: zwei Millionen Bewertungen, 250.000 online buchbare Termine und 275.000 eingetragene Ärzte. Das macht Eindruck und zeigt dem Besucher, dass er dort eine große Auswahl an potenziellen Ärzten erhält, die auf Jameda zahlreich bewertet wurden. Nutzen Sie diesen Effekt auch für Ihr Online-Marketing, zeigen Sie:

* Facebook-Fans
* Newsletter-Abonnenten
* Bewertungen von zufriedenen Kunden für Ihr Unternehmen

Abb. 2.22 Social Proof auf der Ärzte-Empfehlungsplattform Jameda. (Quelle: jameda GmbH o. J.)

- Bewertungen von zufriedenen Kunden für Ihr Produkt
- Kundenprojekte
- Anzahl von durchgeführten Studien
- Ausgelieferte Produkte
- Downloads von eigenen E-Books
- Kommentare auf Blog-Beiträge

Wenn Sie beispielsweise ein Webinar auf Facebook bewerben, dann könnten Sie die Anzahl der bisherigen Teilnehmer in das Werbebanner oder in den Text einbinden. Ein beworbenes E-Book wurde auf Facebook von 300 Personen gelikt und kommentiert. Das sind alles positive Aspekte der sozialen Bewährtheit.

2.5.3   Sympathie

Ist Ihnen eine Plattform wie Immobilienscout24 sympathisch? Was für eine Frage, oder? Wir verbinden Immobilienscout24 mit einem anonymen Portal, ohne konkrete Personen dahinter. Absolut emotionslos. Claus Hipp hat es schon vor langer Zeit in der Fernsehwerbung für seine HIPP-Produkte vorgemacht: „Dafür stehe ich mit meinem Namen", und lächelt dabei in die Kamera. Dieser Mann ist vertrauenswürdig! Wir verbinden dadurch das HIPP-Unternehmen mit einer konkreten Person, die uns sympathisch ist.

Dieses Prinzip können und sollten Sie für Ihr Online-Marketing einsetzen und dabei eine Story erzählen. Oftmals ist es der Gründer der Firma, der an vorderster Front steht – wie Claus Hipp. Es muss jedoch nicht immer der Gründer oder Geschäftsführer sein. Es kann auch durchaus eine andere Person wie ein Prominenter sein, der als Gesicht der Marke wahrgenommen wird. Das kennen wir von der NIVEA-Werbung. Im Kern ist es wichtig, dass Sie Ihrem Unternehmen Emotionen verleihen. Insbesondere dann, wenn es für Sie schwierig ist, diesen Aspekt umzusetzen, hat es Ihr Wettbewerb auch schwer. Das kann der durchschlagende Erfolg für Sie sein!

Darüber hinaus können Sie Ihre Mitarbeiter vorstellen. Das ist nicht nur für potenzielle Bewerber interessant, sondern auch für Interessenten, die wissen möchten, wer die Leistung für sie erbringt. Auf der Website meiner Agentur Sensational Marketing (https://sensational.marketing) haben wir neben unseren professionellen Fotos auch unsere Kinderfotos als Mouse-over-Effekt dargestellt. Wir verstehen uns als eine Familie, stellen unsere Persönlichkeit und das Miteinander in unserem digitalen Geschäft hervor und haben dies auf unserer Website entsprechend umgesetzt.

2.5.4 Autorität

Ihre Zielgruppe kauft nur bei vertrauenswürdigen Unternehmen, die als Experten in ihrem Fachgebiet gelten. Wenn wir uns beispielsweise für einen Webhoster entscheiden müssen, haben wir uns vorher – zumindest gedanklich – eine Anforderungsliste zusammengestellt. Meistens spielen hierbei der technische Support und eine kurze Reaktionszeit eine große Rolle. Ich habe mich 2017 für einen neuen Hoster entschieden. In meiner Recherche ist mir DomainFactory aufgefallen. Auf der Startseite auf df.eu habe ich folgende Auszeichnungen und Produktversprechen vorgefunden (vgl. DomainFactory o. J.):

- 85 Sekunden durchschnittliche Wartezeit am Telefon in 2017
- Chip-Auszeichnung „Spitzenklasse" hinsichtlich der Erreichbarkeit der Hotlines von Hostern
- TÜV-Auszeichnung

DomainFactory spricht also die Wünsche der Zielgruppe direkt an. Welche Anforderungen oder Schmerzpunkte hat Ihre Persona? Sprechen Sie diese in Ihren Online-Inhalten an, subtil durch Zertifikate und Auszeichnungen oder direkt durch Kundenbewertungen und eigene Aussagen.

Des Weiteren haben Sie die Möglichkeit, durch Content-Marketing Ihren Expertenstatus auszubauen. Der Garten- und Pflanzen-Online-Shop poetschke.de publiziert beispielsweise regelmäßig wertvolle YouTube-Videos (siehe https://bastiansens.de/outpoetschke) und zeigt damit seine Expertise. Poetschke hat übrigens zuletzt den Onlinehandel-Award 2018 vor OBI, Hornbach & Co. gewonnen (vgl. Gabot.de 2018) – mitunter aufgrund des sehr guten Contents.

2.5.5 Verknappung

„Es sind nur noch zwei Zimmer auf unserer Seite verfügbar", diesen Hinweis kennen wir von dem Hotelbuchungsportal booking.com und er sorgt bei den Besuchern für einen gewissen Druck. Wir müssen uns schnell entscheiden, ansonsten verpassen wir dieses schöne Hotel.

Mithilfe der Verknappung können Sie die Kaufentscheidung der Zielgruppe beschleunigen. Testen Sie die Wirkung der Verknappung aus. Sie können sie wie folgt einsetzen:

- Preisvorteil (nur für vier Tage zum Sonderpreis)
- Begrenzte Menge (Anzahl Plätze, Anzahl Exemplare)
- Zusatznutzen (die ersten 100 Käufer erhalten zusätzlich ein Geschenk)

Weitere Beispiele für Verknappung
- Einmalige limitierte Aktion von Ritter Sport: die Einhorn-Schokolade. Innerhalb weniger Tage wurden 200.000 Tafeln Schokolade verkauft. Über 500 Millionen Kontakte wurden erreicht, ohne Mediainvest (vgl. Elbkind o. J.).
- Barmenia Versicherung: Bis zum 31.05. die Komfort-Zahnversicherung abschließen und Sie erhalten einen Amazon-Gutschein über 25 Euro als Geschenk (vgl. Barmenia o. J.).
- „Black Nähday" (als Anspielung auf Black Friday) mit einem Rabatt von 20 % auf ausgewählte Nähmaschinen von naehszene.de (vgl. Nähszene 2017).

▶ **Wichtig** Voraussetzung für das Einsetzen der Verknappung ist die Korrektheit der Daten. Booking.com wurde 2015 wegen der Aussage „nur noch zwei Zimmer verfügbar" zu einer Geldstrafe von 250.000 Euro verurteilt (vgl. Justiz-online 2011). Diese Aussage war irreführend, da Booking teilweise nur ein gewisses Kontingent der Hotels bereitgestellt bekommt. Achten Sie daher beim Einsatz der Verknappung auf die Richtigkeit der Angaben.

2.5.6 Das AIDAL-Content-Modell

Nun haben Sie für sich elementare Bestandteile Ihrer Inhalte erarbeitet. Falls Sie das noch nicht gemacht haben, starten Sie damit zuerst. Anschließend geht es darum, diese strategischen Bestandteile zu kategorisieren, sodass Sie Ihre Zielgruppe in den entsprechenden Phasen des AIDAL-Modells erreichen.

Das AIDA-Modell
Das AIDA-Modell gehört zu den Klassikern im Marketing: Attention – Interest – Desire – Action. Der Werbestratege Elmo Lewis entwickelte das Modell, um die vier Stadien zu beschreiben, die ein Konsument durchläuft, wenn er etwas kauft. Grundsätzlich ist es noch heute gültig, auch wenn wir inzwischen wissen, dass die einzelnen Schritte nicht fein getrennt nacheinander ablaufen, sondern sich auch überschneiden können. Insbesondere im Internet wird dieses Modell immer dynamischer.

„L" wie Loyalty
Darüber hinaus berücksichtigt das Modell zum Beispiel nicht, was mit dem Kunden passiert, nachdem er seinen Kauf getätigt hat. „Loyalty" heißt hier meine fünfte Stufe im Modell. Machen Sie Ihren Kunden also loyal, binden Sie ihn an sich und Ihr Unternehmen, mit Aktionen, Vorteilen, Gewinnspielen, Newslettern, kostenlosen Inhalten, die für ihn von Vorteil sind, etc.

Für Ihre Strategie bietet sich das AIDAL-Content-Modell an (s. Abb. 2.23). Es berücksichtigt die einzelnen Phasen und beantwortet die einfachen sieben W-Fragen (in der ersten Spalte der Abb. 2.24). Das AIDAL-Content-Modell habe ich unter anderem an die bewährte FISH-Strategie von Mirko Lange angelehnt (vgl. Ille o. J.).

Das AIDAL-Content-Modell beantwortet die wichtigsten Fragen der strategischen Content-Planung. Sie können recht schnell anhand Ihrer Ziele und Personae Ihre Strategie erstellen.

- **Attention**: In dieser Phase wünscht sich die Persona Unterhaltung, zum Beispiel durch Gewinnspiele, Zitate oder ein Quiz. Das Ziel in dieser Phase ist es, die Persona auf Social-Media-Portalen als Follower zu gewinnen. Die Inhalte sind eher oberflächlich und schnell zu konsumieren.
Ganz anders verhält sich der Highlight-Content, der ebenfalls in der Attention-Phase anzusiedeln ist. Mit dem Highlight-Content, wie zum Beispiel einer auf-

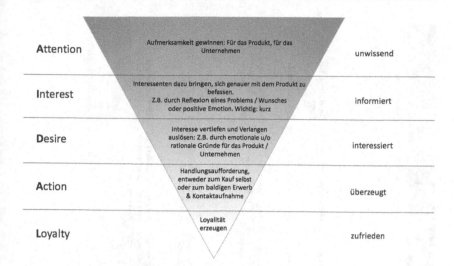

Abb. 2.23 Das AIDAL-Modell

wendigen Studie, können Sie eine extrem hohe Aufmerksamkeit erzeugen. Sie bieten einen sehr hohen Mehrwert mit tiefgründigen Informationen.

- **Interest:** Das ist der klassische Search-Content, in dem Sie durch Blogartikel, Landingpages oder YouTube-Videos Wissenswertes preisgeben und darüber gefunden werden. Sie positionieren sich aufgrund dieser Informationen als Experte bei Ihrer Persona.
- **Desire:** Jetzt steht bald die Kaufentscheidung bevor, die Persona ist bereits interessiert an Ihrem Produkt oder Ihrer Dienstleistung. Durch Checklisten oder Webinare können Sie Ihre Persona weiter informieren und damit zeigen, dass Sie der richtige Anbieter sind.
- **Action:** Geben Sie der Persona durch FAQs und Case Studies die gewünschte Sicherheit. Zuletzt soll die Persona zu Ihrem Kunden werden.
- **Loyalty:** In dieser Phase ist die Persona bereits Ihr Kunde, doch darauf sollten Sie sich nicht ausruhen. Geben Sie Ihrem Kunden weitere Informationen zur Bedienung seines Produktes, zeigen Sie neue Wege auf, wie das Produkt zu bedienen ist, oder zeigen sie ihm, welche ergänzenden Produkte oder Dienstleistungen er bei Ihnen erwerben kann. Das Ziel bei Loyalty ist es, den

	Attention	Interest	Desire	Action	Loyality
Warum?	Reichweite erhöhen, Follower gewinnen	Informieren, Expertenstatus aufbauen	Kaufentscheidung beeinflussen	Zum Abschluss bringen	Kunden binden
Wer?	Persona	Persona	Persona	Persona	Persona
Wo?	Social Media, Fachmagazine	SEO, SEA, YouTube, Amazon	SEO, SEA, Newsletter, Blog, Website, Landingpage	Website, Landingpage	Social Media, Newsletter, Blog
Wie?	Infografik, Text, Bild, virales Video	Text, Video	Text, Präsentationen	Text, Präsentationen	Text, Bild, Video
Was?	Highlight-Content, Gewinnspiele, witzige Bilder, Spiele, Zitate, Unboxing von Produkten, Interviews mit Influencern	News-, Buch-Rezensionen, Postings von Drittseiten über Facebook & Co, Fachartikel, Anleitungen	Checklisten, Webinare, E-Books, Demos, ROI-Kalkulator, Award-Storys, Studien, App	FAQs, Case Studys, Testimonials	Bedienungsanleitungen, Forum, Facebook-Gruppe, Widgets, FAQs
Wann?	Highlight-Content ist sehr aufwändig, daher 1–3 Mal pro Jahr. Zitate etc. sehr häufig – teilweise mehrmals täglich	Regelmäßiger Content ist wichtig, beispielsweise wöchentlich	Qualität steht vor Quantität, Regelmäßigkeit spielt hier keine große Rolle	Qualität steht vor Quantität, Regelmäßigkeit spielt hier keine große Rolle	Qualität steht vor Quantität, Regelmäßigkeit spielt hier keine große Rolle
Wie viel?	Highlight-Content sollte sehr tiefgründig und mit einer hohen Qualität sein. Zitate etc. eher oberflächlich, hier zählt die Quantität	Eine Mischung aus Quantität und Qualität. Wichtig ist die Content-Erstellung zu den wichtigsten (Suchan-)Fragen	Tiefgründiger Content ist essenziell, da an diesem Punkt die Kaufentscheidung vorbereitet wird.	Tiefgründiger Content ist essenziell, da an diesem Punkt die Kaufentscheidung fällt.	Eine Mischung aus Quantität und Qualität.
Call to Action	Folgen	Kaufen oder folgen	Kaufen	Kaufen	Folgen und Crossselling

Abb. 2.24 Das AIDAL-Content-Modell

Kunden früher oder später von einem weiteren Kauf zu überzeugen und Ihr Unternehmen weiterzuempfehlen.

Da auch Ihr Unternehmen Budgetrestriktionen unterliegt, müssen Sie Ihr Budget entsprechend den einzelnen Phasen unterteilen. Dies könnte 40 % – 20 % – 20 % – 10 % – 10 % sein, aber auch 10 % – 2 0% – 20 % – 10 % – 40 % lauten. Aufgrund Ihres Status quo bzw. Ihrer Positionierung haben Sie Ihre Ziele und Personae definiert und dementsprechend sollten Sie auch die Budgetverteilung vornehmen. Sollten Sie also bereits ausreichend Besucher auf Ihrer Website haben, dann empfehle ich Ihnen, das Budget insbesondere auf die letzten zwei Phasen zu verteilen. Sollte Ihnen die Reichweite fehlen, dann rate ich Ihnen, das Budget auf die ersten Phasen zu konzentrieren.

Für die einzelnen möglichen Inhaltsformate habe ich Ihnen in Abb. 2.25 einige Beispiele und Tools zusammengestellt.

Die Content-Formate sind oft schnell gefunden. Der Inhalt muss stimmen! Der Inhalt muss vor allem für Aufmerksamkeit sorgen. Wir alle kennen Beispiele von Kampagnen, die so besonders waren, dass sie viral im Netz gegangen sind. Das ist sicherlich der größte Wunsch. Die Grundlage haben Sie dafür bereits gelegt, wenn Sie den größten Engpass Ihrer Zielgruppe und die richtigen Kanäle und Instrumente herausgearbeitet haben. 2013 habe ich eine Studie für Hoteliers (https://bastiansens.de/outlibotel) unter der spezialisierten Dienstleistungsmarke „LibOTEL" erstellt. Sie deckte auf, wie omnipräsent die Buchungsportale, wie Booking und HRS, den Suchmarkt beherrschen. Unter anderem haben wir herausgefunden, dass Booking zu über 50 % auf die Hotelnamen Google Ads schaltete. Die Suchenden wollten mit dieser Suchanfrage das Hotel erreichen, Booking griff diesen Traffic ab und verlangte im Nachhinein über 15 % Provision von dem Hotelier. Das ist ein großer Schmerzpunkt für die Hoteliers und ging automatisch viral. Auf 17 themenrelevanten Online-Portalen wurde ein Artikel veröffentlicht.

Selbst der europäische Dachverband des Gaststättenwesens HOTREC, der immerhin die Interessen von zahlreichen Mitgliedsverbänden aus 27 EU-Staaten gegenüber den EU-Institutionen repräsentiert, verfasste eine Stellungnahme zum gerichtlichen Prozess mit Google auf Basis der Studie (vgl. Sens 2017).

▶ **Tipp** Mit dem Tool https://scompler.com können Sie Ihr strategisches Content-Marketing optimal planen, delegieren und kontrollieren.

Content-Format	Beschreibung bzw. Vorteile	Beispiele	Tools
Blog	Plattform für Newsartikel und Fachartikel.	blog.kuka.com, ikea-unternehmensblog.de	Vordergründig Wordpress, aber durch weitere CMS-Newsplugins umsetzbar
Infografik	Vereinfachte Illustration von Zahlen, Daten, Fakten.	https://www.pinterest.de/pin/3658471696 99995148/, https://sensational.marketing/blog/online-marketing-trends-2018/	Canva, Visual.ly, Ease.ly, Pablo
Highlight-Content	Qualitativ hochwertiger Content, der eine hohe Reichweite erzeugt.	https://www.searchmetrics.com/de/knowledge-base/ranking-faktoren/, https://youtu.be/2pic3FnvUrY	Tools jeglicher Art
E-Book	Qualitativ hochwertiger Content.	https://de.ryte.com/knowledge-base/onlineshop-ebook/	Adobe InDesign, Word
Video	Schnelle Vermittlung von Emotionen und Informationen.	https://www.youtube.com/user/KanzleiWBS	Camtasia, YouTube, Audacity, Adobe Premier Pro, Animoto
Webinar	Online-Seminar zur Präsentation, insbesondere von erklärungsbedürftigen Dienstleistungen und Produkten.	https://www.cewe.de/cewe-fotobuch/tipps-und-hilfe/cewe-webinare.html	GoToMeeting, Webex, Edudip, Webinaris
Bild	Nicht nur Fotos, sondern auch Zitate oder animierte Gifs sind interessant.	https://www.instagram.com/gedankentanken/	Canva, Adobe Photoshop
FAQs	Beantwortung von häufigen Kunden-, Bewerber- und Interessentenfragen.	https://www.gerolsteiner.de/de/mineralwasser-verbraucherfragen/	Website
Kalkulator	Bietet dem Nutzer einen Mehrwert durch ein individuelles Resultat, beispielsweise ein Preis.	https://www.foris.com/service-center/prozesskostenrechner.html	Eigenprogrammierung
Präsentation	Professionelle Darstellung von Informationen, Nutzung der Plattform SlideShare.	https://de.slideshare.net/talkabout/das-fishmodell-zur-ausrichtung-von-content-am-interesse	SlideShare, Prezi

Abb. 2.25 Content-Formate – Beschreibung, Beispiele und Tools

Interview mit Ania Dornheim zum Thema „Contenterstellung"
Zum Thema Content habe ich mich mit Ania Dornheim von Textwende (textwende. de) unterhalten. Ihre Agentur berät und unterstützt namhafte Unternehmen im deutschsprachigen Raum bei der schriftlichen Kommunikation.

Worauf sollte man bei Website-Texten achten? Nutzer sind ungeduldig: Uns bleiben nur wenige Sekunden, sie zum Lesen zu motivieren. Gute Webtexte überraschen oder bestätigen die Zielgruppe, sie unterhalten oder provozieren. Und das vom ersten Moment an. Sie lesen sich leicht und wirken luftig.

Um solche Texte zu schreiben oder zu prüfen, muss ich wissen: Was bewegt die Zielgruppe? Wonach sucht sie? Was bringt sie zum Nachdenken? Einen guten Webtext schreibt man nicht in zehn Minuten. Inhalt, Sprache, Aufbau – das alles muss gut durchdacht sein und auf einer Strategie aufbauen. Ohne ein definiertes Ziel lässt sich ein Text nicht bewerten. Wer wenig Zeit hat, konzentriert sich am besten auf die Headline und die ersten Wörter jedes Absatzes. Ziehen diese in den Text? Liefern sie der Zielgruppe einen Mehrwert? Beim Webtext geht es darum, die Spannung hochzuhalten. In den ersten Sekunden überfliegen Nutzer den Text und prüfen: Lohnt es sich, tiefer einzusteigen? Danach lesen sie den Text an – das Auge springt in dieser Phase gerne mitten im Satz in den nächsten Absatz. Deshalb sind Headline, Zwischenüberschriften und Absatzanfänge so wichtig.

Ich erlebe oft, dass die Texte inhouse produziert werden. Ist das von Vorteil? An sich schon! Denn gerade Mitarbeiter mit engem Kundenkontakt wissen am besten, was Kunden suchen, erwarten und wie sie ticken. Dieses Wissen wird nur viel zu selten angezapft. Viele Unternehmen formulieren Texte zu sehr aus der „Wir"-Perspektive: Wir machen ..., wir können ..., wir sind toll. Das Dumme: Die Konkurrenz macht meist das Gleiche und findet sich auch toll. Und so entstehen austauschbare, für die Zielgruppe langweilige Texte. Hinzu kommt: In der Schule, in der Ausbildung und im Studium lernen wir „Schriftdeutsch". Komplexe Sätze, Nominalstil, chronologischer Aufbau – das funktioniert bei Webtexten aber nicht. Ohne Zusatzqualifikation geht es deshalb nicht. Auch ein Marketing-Studium macht einen nicht zum Webtexter. Leider sind auch viele freiberufliche Texter keine ausgebildeten Profis. Der Beruf ist nicht geschützt. Wer externe Hilfe sucht, sollte deshalb auf Erfahrung setzen und Geld in die Hand nehmen. Qualität zahlt sich aus.

Kann man Texten lernen oder ist Texten eine Frage des Talents? Es ist wie im Sport: Wer Talent hat, dem fällt das Lernen leichter. Ohne Technik, Training und Erfahrung schafft es aber auch der talentierteste Sportler nicht aufs Treppchen.

Freude am Schreiben, Empathie und Sprachgefühl: Das sollte man mitbringen. Aneignen muss man sich die notwendigen Techniken und die Werkzeuge. Wie verarbeitet das Gehirn Texte? Was sind Lesehürden? Wie halte ich die Aufmerksamkeit hoch? Wie verhindere ich Schreibblockaden?

Gönnen Sie Mitarbeitern deshalb regelmäßig Fortbildungen – und nutzen Sie deren erworbenes Know-how! Unsere Erfahrung zeigt: Viele Führungskräfte meinen, sie wüssten es besser als ihre Mitarbeiter. Sie formulieren auch Texte der Profis munter um. Und so schleichen sich dann wieder Bandwurm- oder Schachtelsätze ein, die Headlines schläfern ein und der Text verkündet „Wir sind toll".

Aber sind Texte nicht immer auch Geschmackssache? Lassen sich Texte objektiv beurteilen? Geschmack spielt eine Rolle. Aber nicht der Geschmack der Chefin oder des Kollegen! Entscheidend ist, was die Zielgruppe anspricht. Und selbst, wenn die Geschmäcker innerhalb einer Zielgruppe variieren: In den Gehirnen laufen beim Lesen stets die gleichen Prozesse ab. Das Auge kann gar nicht anders, als die Headline oder den Fettdruck zuerst wahrzunehmen. Liefert der erste Satz einen Mehrwert, wird das Belohnungssystem im Gehirn aktiviert. Jetzt will es mehr. Oder anders herum: Eine Textwüste ermüdet jedes Gehirn, Nullaussagen vermindern die Aufmerksamkeit, zu lange Sätze verringern das Verständnis usw. Bei Textwende haben wir im Textwende-Maß® die verschiedenen Prozesse im Gehirn beschrieben und einen Fragenkatalog dazu erstellt – damit lassen sich Texte sehr gut prüfen. Der Vorteil: Dieses Tool bietet viel Raum für Kreativität. Das Textwende-Maß® gibt es kostenlos als Download auf https:// www.textwende.de/tools/.

Sollte man die Texte für Social-Media-Portale jeweils anpassen? Ja. Nutzer erwarten von jedem Portal etwas anderes. Und entsprechend müssen wir unsere Zielgruppe auch anders ansprechen. Natürlich kommt es auch auf unsere Content-Strategie an: Was will und was kann ich bei Facebook erreichen? Was bei Twitter, Instagram oder Snapchat? Auch hier zeigt sich wieder: Ohne Strategie und Wissen über die Zielgruppe geht es nicht. Die Zeiten, in denen man „einfach" mal was posten konnte, sind längst vorbei.

Ihr Online-Marketing-Cockpit

Notieren Sie schließlich in Ihr Online-Marketing-Cockpit, welche Content-Formate und welche Überzeugungspsychologien, wie Social Proof, Sie einsetzen möchten.

Weiterführende Literatur
- Cialdini, R. B. (2017). *Die Psychologie des Überzeugens: Wie Sie sich selbst und Ihren Mitmenschen auf die Schliche kommen.* Bern: Hogrefe.
- Hirschfeld, S. T. von, & Josche, T. (2017). *Lean Content Marketing: Groß denken, schlank starten. Praxisleitfaden für das B2B-Marketing.* Heidelberg: dpunkt.
- Ille, H. (o. J.). *Der Fisch im Radar – so kommt die Strategie in den Content.* https://scompler.com/gastbeitrag-fish-im-radar-so-wird-content-zur-strategie/
- Löffler, M. (2014). Think Content!: Content-Strategie, Content-Marketing, Texten fürs Web. Bonn: Rheinwerk.
- Sens, B. (2017). *Schluss mit 08/15-Websites – so bringen Sie Ihr Online-Marketing auf Erfolgskurs: 79 Tipps für Ihren Online-Auftritt.* Wiesbaden: Springer Gabler.

2.6   Phase 6: Conversion-Optimierung

Bald ist Ihr Online-Marketing-Cockpit vollständig. In der sechsten Phase geht es darum, aus Ihrem Traffic das Optimale herauszuholen. Es bestehen nämlich immer zwei Hebel, um die Umsatzziele zu erreichen bzw. zu übertreffen: Zum einen können Sie mehr Traffic generieren und zum anderen die Conversion-Rate erhöhen. Besser noch: Sie optimieren beide Bereiche.

2.6.1   Sechs Schritte der Conversion-Optimierung

Die Conversion-Rate, also die Umkehrungsrate von Besuchern zu Kunden bzw. Bewerbern, steigern Sie im Kern durch Ihre Prozesse. Ich möchte an dieser Stelle nicht weiter in das Projektmanagement eintauchen, ich möchte Ihnen lediglich verständlich machen, dass ein dauerhafter Optimierungsprozess Ihrer Website nötig ist. Das Online-Marketing und Ihre Zielgruppe entwickeln sich ständig weiter – das muss Ihre Website ebenfalls. Bestmöglich orientieren Sie sich an dem Kreislauf, der in Abb. 2.26 dargestellt ist.

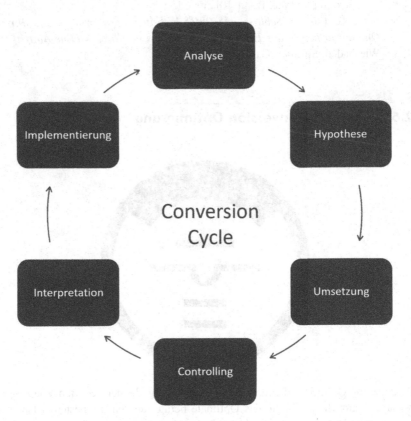

Abb. 2.26 Conversion-Cycle – Der Prozess der Conversion-Optimierung. (In Anlehnung an Kattau 2017, S. 81)

Diese sechs Schritte geben Ihnen eine Orientierung für Ihre Conversion-Optimierung. Gerne erläutere ich Ihnen nachstehend die einzelnen Phasen:

- **Analyse:** Prüfen Sie zunächst, an welcher Stelle Sie Verbesserungsbedarf sehen. Das kann beispielsweise eine hohe Ausstiegs- bzw. Absprungrate auf Unterseiten oder auch im Warenkorb sein. Anschließend können Sie durch qualitative Analysen, wie zum Beispiel mithilfe von Eyetracking oder Heatmaps (siehe nachstehende Toolempfehlungen), aufdecken, warum die Besucher nicht konvertieren.
- **Hypothese:** Anschließend halten Sie Ihre Hypothese schriftlich fest und entscheiden, welche Optimierung Sie vornehmen möchten. Definieren Sie ebenfalls, für welches Nutzersegment (zum Beispiel „drei Besuche, jedoch kein Kauf") Sie den Test durchführen möchten und anhand welcher Messgrößen Sie den Erfolg bewerten.
- **Umsetzung:** Jetzt setzen Sie Ihre Optimierung in einem A/B-Testingtool, wie vwo.com, um. Dabei senden Sie zum Beispiel 50 % Ihres Traffics auf die bisherige Website-Version und 50 % auf die Version mit Ihrer Optimierung. Die Umsetzung kann die Umgestaltung der Navigationsleiste, eines Buttons, einer Überschrift oder auch einer ganzen Textpassage sein. Ganz wichtig: Definieren Sie in dem A/B-Testingtool Ihr Conversion-Ziel, das Sie messen möchten. Erst dadurch ist später die Erfolgsmessung möglich. Außerdem sollten Sie Ihre eigenen Zugriffe ausschließen, falls Sie eine statische IP-Adresse haben. Diese können Sie in dem Tool unter Einstellungen meist anführen.
- **Controlling:** Sobald Sie eine solide Grundmenge erreicht haben, ist der Test abgeschlossen. Einen guten Überblick über eine optimale Stichprobengröße liefert Ihnen das kostenlose Tool von https://bastiansens.de/outrechner. Der Test sollte mindestens eine Woche, kann jedoch auch mehrere Wochen andauern.
- **Interpretation:** In dieser Phase untersuchen Sie die Ergebnisse des A/B-Tests. Hat sich Ihre Hypothese bewiesen oder nicht? Dies können Sie anhand der Conversions ganz klar messen. Falls sich die Hypothese als korrekt herausgestellt hat, sollten Sie dies für Ihr Unternehmen dokumentieren. Gegebenenfalls hat es nicht nur Einfluss auf eine einzelne Unterseite, sondern auf das Template Ihrer Website. Deshalb ist die Dokumentation für den zukünftigen Erfolg essenziell. Außerdem könnten aus diesem Test bereits Schlüsse für weitere Hypothesen geschlossen werden.
- **Implementierung:** Zuletzt setzen Sie oder Ihr Programmierer die Optimierung in der tatsächlichen Live-Version Ihrer Website um. Das kann inhaltlich oder eben auch technisch sein.

Für Ihr Online-Marketing-Cockpit ist es wichtig, dass Sie eine Conversion-Strategie erstellen, um Ihre gesteckten Ziele zu erreichen. Sie haben die einzelnen Elemente der Conversion-Optimierung kennengelernt. Letztlich ist für Sie als Entscheider wichtig, dass Sie einen Prozess etablieren, der es ermöglicht, eine hohe Anzahl von Tests pro Jahr zu generieren. Je höher die Anzahl der Tests, desto höher ist die Wahrscheinlichkeit, dass Ihre Conversion-Rate steigt. Das liegt in der Natur der Sache: Je öfter Sie versuchen, beim Fußball auf ein Tor zu schießen, desto höher ist die Wahrscheinlichkeit, dass irgendwann der Ball hinter der Linie ist – eine gewisse Schusstechnik natürlich vorausgesetzt. So ist es natürlich auch bei der Conversion-Optimierung: Sie benötigen sowohl eine hohe Frequenz als auch die Technik und das Know-how, um die Conversion-Rate zu steigern.

2.6.2   A/B-Testing

Der Hebel der Conversion-Optimierung kann extrem groß sein – rechnen Sie für sich einmal nur eine Konversionssteigerung von 0,5 % durch. Was würde das für Ihr Unternehmen bedeuten? Und 0,5 % ist wirklich nicht viel. Wie auch in den anderen Schritten sollten Sie das Bestmögliche anvisieren. Das funktioniert nur mit Experten, die Sie entweder intern oder extern finden. Schaffen Sie als Entscheider die Prozesse, geben Sie auch Impulse für Hypothesen – doch überlassen Sie die operative Umsetzung den absoluten Experten. Denn zur Conversion-Optimierung gehört auch viel Verkaufs- und Konsumpsychologie.

Für Ihre Hypothesen finden Sie nachstehend einige Ideen, die Sie einmal überprüfen könnten:

- Mobile Website-Version: Textwüsten durch Akkordeon-Effekt (Aufklappfunktion) kürzen
- Einsatz von Verknappung durch Gutscheine (siehe Beispiel der Barmenia-Versicherung in Abschn. 2.5.5)
- Landingpages für Google Ads mit dynamisch angepasstem Content erstellen
- Kontaktformular above the fold[3] anordnen
- Navigationsleiste auf der Landingpage entfernen
- Navigationsleiste im Warenkorb entfernen

---

[3]Damit wird der Bereich einer Webseite bezeichnet, der für die Besucher sofort sichtbar ist, ohne dass sie scrollen müssen.

- Bewertungen als Widget von einer Bewertungsplattform auf der Landingpage einbinden
- Probemuster oder ein ähnliches kostenloses Produkt oder eine Dienstleistung zum Testen anbieten (anfangs auch gerne nur auf einer Landingpage)
- Hauptüberschrift mit Kundennutzen versehen
- Kontaktformular kürzen, unwichtige Informationsfelder entfernen
- Amazon Pay oder Finanzierungskauf anbieten
- USP im Headerbild prominent darstellen

Warten Sie mit den Optimierungen nicht bis zu einem Website-Relaunch, sondern testen Sie die einzelnen Elemente schnellstmöglich. Schaffen Sie in Ihrem Unternehmen eine neue Optimierungskultur, die ständig den aktuellen Status hinterfragt, neue Ideen generiert und testet. Testen Sie die wildesten Ideen. Dann werden Sie auch Ihre gesteckten TEAM-Ziele erreichen.

Toolempfehlungen finden Sie in Tab. 2.3.

▶ **Tipp** Falls Sie kurz vor einem Website-Relaunch stehen, empfehle ich Ihnen mein Webinar zu diesem Thema. Dieses erreichen Sie unter https://bastiansens.de/outrelaunch – dort gebe ich Ihnen insbesondere viele SEO-Tipps, sodass Sie Ihre Positionen in Google nicht verlieren.

Interview mit Roman Kmenta zum Thema Preispsychologie
Für dieses spezielle Thema konnte ich den Pricing- und Verkaufsexperten Roman Kmenta (romankmenta.com) gewinnen.

Sollten Preise auf Websites angegeben werden – oder nicht? Ob Preise auf die Website kommen sollen oder nicht, kommt ganz darauf an, ob direkt online verkauft werden soll und was verkauft wird. Auch, wie der Verkaufsprozess abläuft, spielt eine Rolle.

Tab. 2.3 Toolempfehlungen im Bereich der Conversion-Optimierung

Einsatzgebiet	Toolempfehlungen
A/B-Test	vwo.com, abtasty.com, optimizely.com, unbounce.com
Mousetracking	Overheat.de, mouseflow.com, hotjar.com
Heatmaps	Overheat.de, crazyegg.com, econda.de
Crowdtesting	testbirds.de, rapidusertests.com
Conversion-Rate-Optimierungsmanagement	Iridion.com

Wenn Produkte oder Leistungen direkt online verkauft werden sollen, ist es natürlich ein Muss, die Preise auch online zu stellen – im einfachsten Fall (à la Amazon) auch direkt sichtbar.

Gerade dann, wenn es um komplexere, meist höherpreisige Angebote geht (zum Beispiel Mastermind-Mitgliedschaften oder Coaching-Programme), kann es natürlich auch sinnvoll sein, die Preise nicht jedem sofort online zu zeigen. Man könnte hier zum Beispiel das Angebot auch nur jenen zeigen, die sich registriert haben. Das reduziert zwar möglicherweise die Anzahl der Anfragen, dafür werden aber nur die „ernsthafteren" Interessenten übrig bleiben.

Preise online zu stellen, kann vor allem dann sinnvoll sein, wenn eines oder mehrere der folgenden Kriterien zutreffen: Wenn Sie

- Online verkaufen wollen
- Sehr billig bzw. sogar der billigste Anbieter sind
- Eine hohe Bekanntheit verbunden mit einem hochwertigen Image haben
- Zu viele Anfragen von Interessenten bekommen, deren Preisvorstellung sehr weit von Ihren Preisen und Honoraren entfernt liegt
- Eine Fixpreisstrategie verfolgen
- Keine Angst davor haben, wenn Mitbewerber Ihre Preise kennen
- In Verbindung mit hohen Preisen viel Selbstbewusstsein demonstrieren wollen
- Den Kunden auf technischem Wege „zwingen" können, sich zuerst Ihre Präsentation anzusehen, bevor er den Preis zu sehen bekommt

In allen anderen Fällen würde ich eher davon abraten, die Preise und Honorare auf die Website zu stellen.

Nun zur Preisgestaltung für Online-Shops: Wo platziere ich die Produkte auf Kategorieseiten? Was die Anordnung der Produkte im Shop betrifft, so kommt es ganz darauf an, was kommuniziert werden soll. Bei Discountstrategien ist es gut, die günstigsten Preise als erstes (von oben oder von links) zu zeigen. Ansonsten würde ich im Normalfall mit dem höchsten Preis oben bzw. links (wenn mehrere Produkte bzw. Angebote nebeneinander gezeigt werden) beginnen. Der höhere Preis wirkt als Preisanker. Die folgenden Preise werden mit diesem unbewusst verglichen und wirken im Verhältnis günstig. Studien zeigen, dass bei dieser Vorgehensweise der Durchschnittspreis steigen kann.

Aus diesem Grund kann es auch sinnvoll sein, über das bisher hochpreisigste Angebot ein noch (deutlich) teureres zu setzen. Selbst dann, wenn dieses nie gekauft wird, wirken die anderen im Verhältnis günstiger. Im Discount-Bereich werden diese Preisanker teilweise auch durch Statt- oder Streichpreise gesetzt.

Hinzu kommt auch noch der Effekt, dass wir bei Kaufentscheidungen eine Tendenz zur (Preis-)Mitte haben. Das bedeutet: Es kann zielführend sein, das Produkt mit der besten Marge in die Mitte zu setzen.

Sollten tendenziell runde oder unrunde Preise aufgeführt werden? Unrunde Preise, wie zum Beispiel 348.740 Euro für eine Eigentumswohnung, wirken kalkulierter, während ein runder Preis wie 350.000 Euro geschätzt wirkt und zu Preisverhandlungen einlädt. Bei Immobilien hat man im Rahmen einer Studie festgestellt, dass von runden Preisen mehr heruntergehandelt wird als von unrunden. Daher empfehlen sich bei derartigen Produkten (mit höheren Preisen) und in Bereichen, in denen Preise typischerweise verhandelt werden, unrunde Preise.

Bei niedrigpreisigen Produkten und überall dort, wo Preise nicht verhandelt werden, spielen andere preispsychologische Effekte – wie zum Beispiel psychologische Preisgrenzen – 9,90 oder 10,00 Euro – eine größere Rolle.

Wie sollten Währungssymbole dargestellt werden? Wenn Währungssymbole bei Preisangaben weggelassen werden, steigt die Ausgabefreudigkeit der Kunden. Dieser Effekt wirkt sich vor allem bei Impulsentscheidungen aus. Natürlich muss irgendwo deutlich gemacht werden (ggf. am Rand der Seite), in welcher Währung die Preise angegeben sind.

Ist das Herunterbrechen von Preisen sinnvoll? Preise herunterzubrechen, hat in vielen Branchen, wie zum Beispiel beim Autoleasing (nur 37 €/Tag), Tradition und wird erfolgreich angewandt. Preise erscheinen durch diese Art der Darstellung psychologisch kleiner, obwohl am Preis selbst nichts verändert wurde.

Je nach Produkt oder Leistung kann man Preise aber nicht nur auf

- Zeiteinheiten (Jahre, Monate, Wochen, Tage, Stunden …), sondern auch auf
- Gewichtseinheiten (Fleisch pro 100 Gramm statt pro Kilo)
- Anzahl der Anwendungen (pro Fahrt)
- Anzahl der Menschen (pro Person/pro Teilnehmer)
- Längen/Entfernungsangaben (pro gefahrenem Kilometer)

herunterbrechen.

Dieses psychologische Kleinmachen der Preise kann entweder nur der optimierten Darstellung in Online-Shops dienen oder auch tatsächlich in der Verrechnung Niederschlag finden.

Wenn Preise in Shops dabei nicht auf runde Einheiten (wie zum Beispiel Wurst à 100 Gramm) heruntergebrochen werden, sondern auf unrunde bzw. unübliche (à 75 Gramm), wird die Vergleichbarkeit der Preise erschwert und der ausgewiesene Preis wirkt – in diesem Beispiel – noch niedriger.

Ihr Online-Marketing-Cockpit

Notieren Sie schließlich in Ihr Online-Marketing-Cockpit, dass Sie den Conversion-Cycle etablieren möchten. Einige Hypothesen können Sie ebenfalls einbringen, wie zum Beispiel die Optimierung der Preisdarstellung.

Weiterführende Literatur

- Ash, T. (2013). *Landing Pages: Optimieren, Testen, Conversions generieren*. Frechen: mitp.
- Beilharz, F., Kattau, N., & Kratz, K. (2017). *Der Online-Marketing-Manager: Handbuch für die Praxis*. Heidelberg: dpunkt.
- ConversionBoosting (o. J.). ConversionBoosting KNOW. https://conversionboosting.com/know/wissensdatenbank/
- Harmanus, B., & Weller, R. (2017). *Content-Design: Durch Gestaltung die Conversion beeinflussen*. München: Hanser.
- Jacobsen, J. (2017). *Praxisbuch Usability und UX: Was jeder wissen sollte, der Websites und Apps entwickelt – bewährte Methoden praxisnah erklärt*. Bonn: Rheinwerk.
- Konversionskraft (o. J.). *Homepage*. www.konversionskraft.de
- Sens, B. (2017). *Schluss mit 08/15-Websites – so bringen Sie Ihr Online-Marketing auf Erfolgskurs: 79 Tipps für Ihren Online-Auftritt*. Wiesbaden: Springer Gabler.

2.7   Phase 7: Controlling

In der siebten Phase des Online-Marketing-Cockpits behandeln wir das Controlling, wobei sicherlich einige Leser ein strahlendes Lächeln aufsetzen und andere wiederum tief durchatmen müssen. Jeder Mensch ist anders. Doch ich möchte Sie unbedingt dazu ermutigen, das Controlling so gut wie nur irgend möglich aufzusetzen. Das Controlling besteht nicht nur aus der Erhebung der Daten aus Google Analytics & Co., sondern betrifft insbesondere die Strategie – diese Strategie, die Sie in den ersten Phasen dieses Online-Marketing-Cockpits fixiert haben. Wie auch das Online-Marketing ist die strategische Ausrichtung für den Online-Erfolg maßgeblich.

Die in diesem Cockpit erarbeitete Strategie wird Sie, wenn Sie diese mit Nachdruck verfolgen, zur Zielerreichung führen. Doch nur dann, wenn Sie an Ihrer Strategie permanent feilen, werden Sie auch nachhaltig erfolgreich sein. Ihr Wettbewerb bemerkt sicherlich Ihre stärkere Marktposition und wird entsprechend gegensteuern, neue Kooperationen mit Online-Portalen schließen, Investoren gewinnen oder die ganze Branche disruptieren. Daher sollten Sie Ihre Strategie stetig optimieren und den in Abb. 2.27 dargestellten Prozess regelmäßig – zum Beispiel alle sechs Monate – durchlaufen.

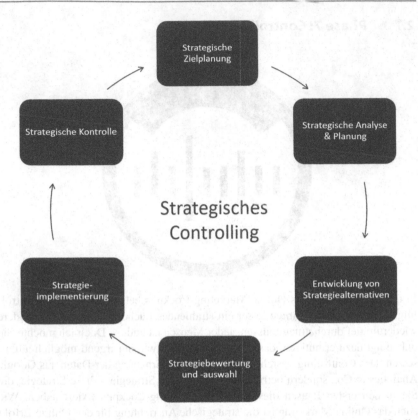

Abb. 2.27 Das strategische Controlling als fortlaufender Optimierungsprozess. (Quelle: In Anlehnung an Welge et al. 2017)

Wie beschrieben sollten Sie diesen Prozess kontinuierlich durchlaufen; halten Sie dafür stets Ihre Augen für Innovationen und Verbesserungen offen. Beantworten Sie für sich regelmäßig die folgenden Fragen:

- **Strategische Zielplanung**: „Welche Ziele soll das Unternehmen erreichen?"
- **Strategische Analyse und Prognose**: „Welchen Chancen und Risiken steht das Unternehmen gegenüber, welche Stärken und Schwächen besitzt es?"
- **Entwicklung von Strategiealternativen**: „Wie könnte das Unternehmen Wettbewerbsvorteile erlangen bzw. verteidigen?"
- **Strategiebewertung und -auswahl**: „Welche Strategie ist die beste für das Unternehmen, welche Entscheidung wird getroffen?"

- **Strategieimplementierung**: „Wie setzt das Unternehmen die Strategieent-scheidung konkret um?"
- **Strategische Kontrolle**: „Ist das Unternehmen auf dem richtigen Weg und wie kommt es voran?"

Als Entscheider sind Sie für die Ergebnisse verantwortlich und diese können Sie mit einer starken Strategie viel schneller und einfacher erreichen. Selbst wenn Sie die Unternehmensstrategie nicht maßgeblich beeinflussen können, sollten Sie die Freiheit erhalten, bestimmte Hypothesen auszutesten. Diese können Sie auf einer Landingpage umsetzen, die lediglich Traffic durch Google Ads erhält. So ist diese Landingpage autark von der offiziellen Website. Mit mit einem A/B-Test können Sie die Wirkung Ihrer Hypothese durch Daten belegen und die Geschäftsführung überzeugen.

2.7.1   Datenerhebung

Sie betreiben zielgerichtetes Online-Marketing und verwenden dafür ein relativ hohes Budget. Warum sollten das Controlling bzw. die Datenerhebung kostenlos sein? Das Controlling ist Ihr großer Hebel, um aus den Besucherströmen die richtigen Entscheidungen für die zukünftige Strategie zu treffen. Sparen Sie nicht an dieser Ecke, es wird sich für Sie auszahlen!

Sie haben in der zweiten Phase dieses Cockpits Ihre TEAM-Ziele definiert. Jetzt sollten Sie deren Erreichung messen. Von den Zielen haben Sie die Kanäle bzw. Instrumente, Inhalte und Conversion-Optimierungen abgeleitet. Definieren Sie für sich jede einzelne Messgröße: Wie möchten Sie den Umsatz messen? Bei Online-Shops ist die Antwort leicht, doch wie erfasst ein Anwalt den Umsatz? Und wie können Bewerbungen gemessen werden? Notieren Sie sich jegliche Kontaktmöglichkeit mit Ihrem Unternehmen. Der Anwalt könnte folgende Kontaktmöglichkeiten offerieren:

- Kontaktformular
- E-Mail-Adresse im Impressum
- Telefon
- E-Mail-Adresse auf der Stellenbeschreibungsseite

Das Kontaktformular und der Klick auf die E-Mail-Adresse können mithilfe des Google Tag Managers und von Google Analytics getrackt werden. Die Telefonanrufe werden oft vernachlässigt. Auch wenn eine handschriftliche Telefonliste der

Interessenten angelegt wird, kann die Quelle des Interessenten oft nicht ermittelt werden. Als Antworten auf die Frage „Wie sind Sie auf unser Unternehmen aufmerksam geworden?" werden oft Internet und Google genannt. Bestmöglich setzen Sie auf eine Telefontracking-Lösung, die Ihnen das konkrete Keyword festhält, welches der Interessent eingegeben hat. So können strategische Entscheidungen für die Budgetverteilung, zum Beispiel zwischen SEO und SEA, getroffen werden.

Bei der Leadgenerierung greifen Sie teilweise auf externe Tools, wie einen E-Mail-Marketinganbieter, zurück. Mein Tipp: Alle Tools (siehe Abb. 2.28), die Sie auswählen, sollten eine Anbindung an Ihre Trackinglösung haben. Eine Trackinglösung kann Google Analytics sein. Schaffen Sie unbedingt ein ganzheitliches Tracking und vermeiden Sie Insellösungen. Ansonsten haben Sie an verschiedenen Stellen Ihre Daten und können diese schwerlich aggregieren. In der linken Spalte habe ich Ihnen einige Key Performance Indicators (KPI), also wichtige Leistungskennzahlen, aufgeführt. Auf der rechten Seite finden Sie einige Toolempfehlungen zu diesen KPIs, die ich bereits alle getestet habe und Ihnen empfehlen kann. Diese Tools besitzen jeweils eine Anbindung an Google Analytics.

2.7.2 Zieltracking

Nachdem Sie die Tools ausgewählt und mit Google Analytics verknüpft haben, richten Sie Ihr Zieltracking ein. Mit Zieltracking meine ich die Prüfung sämtlicher gesteckter Ziele aus der dritten Phase Ihres Cockpits, für die Sie auf Ihrer Website eine Danke-Seite anlegen. Eine Danke-Seite ist beispielsweise die Folgende, nachdem Sie das Kontaktformular bei Sensational Marketing ausgefüllt haben: https://sensational.marketing/danke/. Diese individuelle URL ist für das vereinfachte Zieltracking notwendig. Um die Ziele in Google Analytics einzubinden, gehen Sie wie folgt vor (vgl. Sens 2017):

- Rufen Sie unter https://analytics.google.com Ihr Konto auf.
- Klicken Sie in der Navigationsleiste auf „Verwaltung".
- Wählen Sie unter „Datenansicht" den Punkt „Zielvorhaben" aus.
- Klicken Sie „Neues Zielvorhaben" an.

KPIs	Tools
Terminanfragen	Hubspot, Microsoft Bookings
Telefonanrufe	Matelso
Kontaktanfragen via Formular	Typeform, Wufoo, CMS-Plugin
Webinar-Anmeldungen	GoToMeeting, Webex, Edudip, Webinaris
Newsletter-Abonnenten	Cleverreach, Mailchimp, Klick Tipp
Live-Chat	Userlike, Livechat Inc, Intercom
Sichtbarkeit (SEO)	Sistrix, Searchmetrics, XOVI
Anzahl der Follower, Abonnenten, Likes und Shares	Buffer, Hootsuite
Website-Besucher, Seitenaufrufe, Bestellungen	Google Analytics, etracker, Matomo

Abb. 2.28   KPIs und Toolempfehlungen für das Online-Marketing

Ein Beispiel: Sie haben als Ziel für Ihre Website definiert, dass pro Monat zehn Kontaktanfragen über das Kontaktformular bei Ihnen eingehen. Führen Sie folgende Schritte durch und bestätigen Sie jeweils durch „Weiter":

- Wählen Sie bei „Einrichtung des Zielvorhabens" den Punkt „benutzerdefiniert".
- Geben Sie dem Zielvorhaben einen Namen.
- Wählen Sie bei „Typ": „Ziel".
- Unter „Zielvorhabendetails/Ziel" wählen Sie „ist gleich" und geben dahinter die URL der Danke-Seite an (zum Beispiel danke.html). Die URL sehen Sie, sobald Sie für Testzwecke das Kontaktformular absenden; für das Zielvorhaben ist eine neue URL zwingend erforderlich.
- Sie können der Conversion (hier: Kontaktherstellung) zusätzlich einen Wert zuweisen, dessen Höhe sich nach Ihrer eigenen Einschätzung richtet (Was ist Ihnen dieses Ziel wert bzw. welchen Wert hat die Conversion für Ihr Unternehmen?). So können Sie die Rentabilität Ihrer Google-Ads-Klicks besser beurteilen.
- Am Ende speichern Sie Ihr Zielvorhaben.

Ob und in welchem Maße Sie Ihr Ziel (und alle anderen definierten Zielvorhaben) erreicht haben, können Sie in der Berichte-Ansicht unter „Akquisition – Alle Zugriffe – Quelle/Medium" sehen. In der Spalte „Conversions" sollte jetzt die Anzahl der Kontaktanfragen je Quelle angezeigt werden.

Für Online-Shops: Um Ihre Bestellinformationen in Analytics zu übertragen, muss im Bestellprozess der Trackingcode von Analytics erweitert werden. Wie das funktioniert, erklärt Ihnen Google ausführlich auf der Seite https://bastiansens.de/outanalyticshelp.

Tracking mit dem Google Tag Manager
Das Tracking mit dem Google Tag Manager ist für jeden Website-Betreiber interessant. Unter anderem können Sie mit dem Tag Manager sowohl die Scroll-Tiefe – also wie weit die Besucher nach unten gescrollt haben – prüfen, als auch herausfinden, auf welche internen und externen Links der Besucher geklickt hat. Solch ein Link kann auch eine E-Mail-Adresse auf Ihrer Website sein. Google Analytics kann diese Information nicht prüfen. Eine Anleitung zur Umsetzung dieser Trackingmöglichkeiten finden Sie unter https://bastiansens.de/outtagmanager.

▶   **Tipp** Sie möchten Tipps & Tricks zu Google Analytics und dem Google Tag Manager erhalten? Ich habe einen Videokurs dazu produziert, den Sie unter https://bastiansens.de/outanalyticskurs abrufen können.

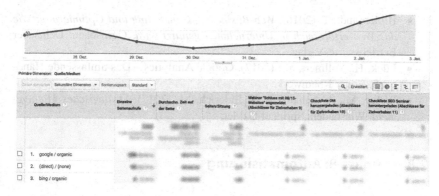

Abb. 2.29 Benutzerdefinierter Zielerreichungsbericht in Google Analytics (Google und das Google-Logo sind eingetragene Marken von Google Inc., Verwendung mit Genehmigung). (Quelle: Google Analytics)

Personalisierter Bericht in Google Analytics

Sicherlich sind Sie viel beschäftigt. Täglich oder wöchentlich in Google Analytics nachzusehen, machen nicht viele. Das Gute: Mit personalisierten Berichten können Sie Ihre eigenen Berichte mit den gewünschten Informationen zusammenstellen und sich als PDF-Dokument per E-Mail zusenden lassen. Das mache ich zum Beispiel für unsere Website mit dem in Abb. 2.29 gezeigten Zielerreichungsbericht, den ich mir freitags zusenden lasse.

Erstellen Sie für sich ein Dashboard in Analytics. Eine Anleitung dazu finden Sie entweder in meinem Videokurs (siehe Tipp) oder unter https://support.google.com/analytics/answer/1151300?hl=de.

Ihr Online-Marketing-Cockpit

Schreiben Sie schließlich in Ihr Online-Marketing-Cockpit, welche Kennzahlen mit welchem Tool kontrolliert werden. Notieren Sie sich auch gerne, dass Sie die Stärken und Schwächen Ihres Unternehmens gegenüber den Wettbewerbern laufend überprüfen und ausarbeiten werden.

Weiterführende Literatur

- Alter, R. (2011). *Strategisches Controlling: Unterstützung des strategischen Managements*. München: Oldenburg.
- Hasler, M. (2016). *Digital und Web Analytics: Metriken auswerten, Besucherverhalten verstehen, Website optimieren*. Frechen: mitp.

- Hildebrandt, T. (2016). *Web-Business – Controlling und Optimierung: Wie das Web erfolgreich in Unternehmen genutzt wird.* Gernsbach: Deutscher Betriebswirte-Verlag.
- Lück, H., Vollmert, M., (2017). Google Analytics – Das umfassende Handbuch. Bonn: Rheinwerk.
- Welge, M., Al-Laham, A., & Eulerich, M. (2017). *Strategisches Management.* Wiesbaden: Springer Gabler.

2.8   Phase 8: Automatisierung

Sie geben die Strategie vor und die „Maschinen" setzen um: Texte werden im Überfluss geschrieben, jeder Besucher erhält nur noch die Angebote, die er auch wirklich benötigt, und Bots beantworten Kundenanfragen. Klingt nach Zukunftsmusik – oder? Mitnichten! Schon heute sind diese Vorstellungen umsetzbar. Marketing-Automation heißt die Lösung und verspricht für die Gegenwart und Zukunft viele Vorteile, wenn man sie nur einsetzt:

- höhere Effizienz
- höhere Conversion-Rate
- mehr Umsatz

Auch wenn diese Vorteile von vielen Tools versprochen werden, sehe ich die Marketing-Automation als einen der größten Hebel für Ihr (Online-)Marketing an. Sie können das bisherige Online-Marketing durchaus als die Zeit vor der industriellen Revolution ansehen: Wir optimieren die Kampagnen zumeist manuell. Wir analysieren viele Aspekte von Hand. Jetzt folgt die Marketing-Automation und wir setzen „Maschinen" ein, um unsere Arbeit zu multiplizieren. Eine Untersuchung von Forrester Research hat ergeben, dass Unternehmen, die Marketing-Automation bereits einsetzen, 50 % mehr Leads bei 33 % geringeren Kosten generieren (Schüller 2017, S. 64). Es lohnt sich also, in Marketing-Automation zu investieren.

In der Marketing-Automatisierung wird zwischen All-in-one- und Speziallösungen unterschieden. Diese werde ich Ihnen nachstehend erläutern.

2.8.1   All-in-one-Lösung

Mithilfe eines ganzheitlichen Portals können Sie effizient alle Marketing-Prozesse abbilden und soweit es geht automatisieren. Typische Funktionen einer All-in-one-Lösung sind:

- Website-Inhalte personalisieren
- A/B-Tests durchführen
- Newsletter mit dynamischen Inhalten und Angeboten versenden
- Webinare und Events erstellen und verwalten
- Landingpages erstellen
- ROI-Reporting von Social Media-Ads
- Leads verwalten

Die Liste kann noch weiter ausgeführt werden, doch erkennen Sie sicherlich den großen Vorteil einer solchen Lösung: Sie finden alles an einem Ort, die Daten können vollständig erhoben und analysiert werden. Ihre Kollegen bzw. Mitarbeiter müssen lediglich für ein Tool geschult werden. Der einzige Nachteil: Sie machen sich von diesem Anbieter abhängig.

2.8.2   Speziallösungen

Neben den All-in-one-Lösungen können Sie auch durch einzelne Softwarelösungen Ihr Marketing automatisieren. In der Abb. 2.28 finden Sie einige Toolempfehlungen, die Sie für die einzelnen Marketing-Disziplinen nutzen können. Beispielsweise können Sie mithilfe des E-Mail-Marketing-Anbieters Klick Tipp interessenbezogene E-Mails versenden. Einen A/B-Test können Sie mit vwo.com durchführen. Jedes einzelne Tool ist auf eine Funktion spezialisiert und bietet Ihnen einen großen Nutzen.

Große Vorteile ergeben sich für Sie durch die Unabhängigkeit von den Toolanbietern. Relativ schnell und einfach können Sie einen anderen Anbieter testen und den bisherigen ersetzen. Sie erhalten zukünftig eine hohe Flexibilität. Des Weiteren sind meiner Erkenntnis nach die Funktionen der Speziallösungen umfangreicher als die der All-in-Lösungen. Das ist auch verständlich, denn ein Zehnkämpfer in der Leichtathletik kann nicht in allen Disziplinen sehr gut sein. Er hat Stärken und Schwächen. Spezialisten haben sich auf eine Disziplin konzentriert und bringen darin ihre Bestleistung. So sehe ich das auch bei den Softwareanbietern.

Der Nachteil der Speziallösungen ist, dass Sie Ihre Kollegen und Mitarbeiter jeweils in verschiedene Tools einarbeiten müssen. Außerdem ist eine enge Verzahnung der Tools nur durch Schnittstellen möglich. Diese Schnittstellen stellt das Tool Zapier.com für Geschäftszwecke (IFTTT für Privatzwecke) her. Zapier verfügt über eine große Anzahl von Schnittstellen: Office 365, SugarCRM, VWO, Klick Tipp usw. Die gängigsten Tools sind dort angebunden und müssen nur durch ein paar Konfigurationen verbunden werden. Beispielsweise können Sie folgenden Business Case automatisieren:

Stellen Sie sich Folgendes vor: Sie haben einen Messestand und erhalten hunderte Kontakte per Visitenkarte, die ein Mitarbeiter einzeln per E-Mail anschreibt. Diesen Fall können Sie beschleunigen und automatisieren:

- Die Visitenkarten mit der Smartphone-App „Full Contact" abfotografieren.
- Die Kontaktdaten werden vollständig erfasst und an Zapier.com automatisch übertragen.
- Zapier sendet die Kontaktdaten automatisch zum E-Mail-Marketing-Tool „Klick Tipp".
- Jeder Kontakt wird bei „Klick Tipp" angelegt und erhält eine Double-Opt-in-E-Mail (ob der Kontakt zukünftig Informationen des Unternehmens erhalten möchte).

Der Prozess ist schnell eingerichtet und erspart einen großen Aufwand, insbesondere wenn Sie auf mehreren Messen pro Jahr vertreten sind.

2.8.3 Die Auswahl geeigneter Marketing-Automatisierungstools

Eines möchte Ihnen im Vorfeld mitteilen: Ihnen in einem Abschnitt das geeignete Automatisierungstool zu empfehlen, ist vermutlich unmöglich. Trotzdem habe ich mich bemüht, Ihnen einen Ansatz zu liefern, der es Ihnen ermöglicht, zumindest eine Gruppe von Tools auszuwählen. Die Kriterien für die Auswahl eines geeigneten Tools können sehr umfangreich sein. Wie auch bei den ersten sieben Phasen dieses Buches gilt, dass Sie nicht allein das beste Ergebnis liefern können. Nur in einem Team von internen und externen Experten schaffen Sie die gewünschten Resultate.

Toolanbieter für die Marketing-Automatisierung werden immer zahlreicher. Nicht nur größere Unternehmen wie Adobe bieten Lösungen an, sondern auch kleine E-Mail-Marketing-Tools, die zwar Marketing-Automatisierung versprechen, jedoch nur einen kleinen Anteil abdecken können. Wir unterscheiden den Markt in drei Kategorien: Enterprise für Großunternehmen, „Middle" für den Mittelstand und „Small" für kleinere Unternehmen. Die folgende Liste erhebt keinen Anspruch auf Vollständigkeit:

Enterprise
* Oracle
* Salesforce
* Adobe Marketing Cloud
* Google Analytics 360 Suite

Middle
* SharpSpring
* Hubspot
* Marketo
* Act-on
* Infusionsoft
* Ontraport

Small
* Sales Manago
* Pimcore
* Active Campaign (E-Mail-Marketing)
* Klick Tipp (E-Mail-Marketing)

Für die Herleitung eines geeigneten Marketing-Automatisierungstools können Sie Abb. 2.30 für sich nutzen.

Damit haben Sie für sich eine grobe Prüfung eines geeigneten Softwareanbieters vorgenommen. Doch für eine weitere Selektierung bedarf es weiterer

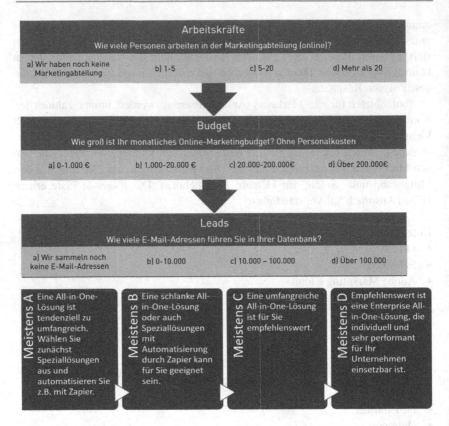

Abb. 2.30 Leitfragen für die Auswahl eines Marketing-Automatisierungstools. (Quelle: In Anlehnung an MAtech Schoepf o. J.)

Fragen und Antworten, die Sie immer weiter an das geeignete Tool heranführen. Folgende Fragen sind für Ihr Unternehmen weiterführend:

- Wo soll das Tool zum Einsatz kommen (Land, Sprachen, Abteilungen)?
- Wo sollen bzw. dürfen Ihre Daten gespeichert werden?
- Wie übergeben Sie Leads an den Vertrieb?
- Wie viele Leads möchten Sie in zwei bis vier Jahren sammeln?

▶ **Tipp** Schauen Sie ab und zu auf den Websites Ihrer Wettbewerber nach, ob und was sich dort geändert hat? Mit Distill.io oder Uptrends können Sie diesen Vorgang ganz einfach automatisieren – Sie lassen sich mit diesen Tools per E-Mail einfach benachrichtigen, was sich geändert hat.

Ihr Online-Marketing-Cockpit
Schreiben Sie schließlich in Ihr Online-Marketing-Cockpit, welche Prozesse automatisiert werden sollen. Eine Software muss nicht zwingend dazu eingetragen werden. Sie könnten auch notieren, dass Sie eine solche Software auswählen möchten.

Weiterführende Literatur
- Gentsch, P. (2017). *Künstliche Intelligenz für Sales, Marketing und Service: Mit AI und Bots zu einem Algorithmic Business – Konzepte, Technologien und Best Practices.* Wiesbaden: Springer Gabler.
- Hannig, U. (2017). *Marketing und Sales Automation: Grundlagen – Tools – Umsetzung. Alles, was Sie wissen müssen.* Wiesbaden: Springer Gabler.
- Rosenträger, S. (2014). *Einkaufsführer für Marketing Automation Tools.* http://onlinemarketing.de/news/einkaufsfuehrer-fuer-marketing-automation-tools
- Schüller, A. (2017). *Marketing-Automation für Bestandskunden: Mehr Umsatz mit der Wasserlochstrategie®.* Freiburg: Haufe.

Literatur

Adobe. (2017). *Adobe consumer Email survey report 2017.* https://de.slideshare.net/adobe/adobe-consumer-email-survey-report-2017. Zugegriffen: 21. Aug. 2018.
Adobe DACH. (2016). *E-Mails: Fluch und Segen zugleich.* https://blogs.adobe.com/digitaleurope/de/campaign-marketing-de/e-mails-fluch-und-segen-zugleich/. Zugegriffen: 21. Aug. 2018.
AllFacebook.de. (o. J.a). *Offizielle Facebook Nutzerzahlen für Deutschland (Stand: September 2017).* https://allfacebook.de/zahlen_fakten/offiziell-facebook-nutzerzahlen-deutschland. Zugegriffen: 21. Aug. 2018.

AllFacebook.de. (o. J.b). Nutzerzahlen: Facebook, instagram, messenger und whatsApp, highlights, Umsätze, uvm. (Stand April 2018. https://allfacebook.de/toll/state-of-facebook. Zugegriffen: 21. Aug. 2018.

Andrews, M. (2016). 5 Things we've learned after a year with LinkedIn Ads. *Hub-Spot,* 22. August 2016, updated 13. Juni 2018. https://blog.hubspot.com/customers/linkedin-ads-data?__hstc=185665590.bfbdfc72c1e3fd6beec4749994f85 99b.1534260077256.1534260077256.1534260077256.1&__hssc=185665590.1.153426 0077257&__hsfp=2188188914. Zugegriffen: 21. Aug. 2018.

Appinio Research. (2018). *Zwei Drittel der jungen Deutschen können nicht mehr auf YouTube verzichten: Repräsentative Befragung der Generation Z zur Video-Plattform YouTube.* https://www.appinio.com/de/blog/youtube-video-repraesentative-umfrage. Zugegriffen: 21. Aug. 2018.

Barmenia. (o. J.). *Zahnversicherung.* https://www.barmenia.de/de/aktionen/zahnaktion. xhtml. Zugegriffen: 21. Aug. 2018.

Beck, A. (2011). *Google AdWords.* Frechen: mitp.

Beus, J. (2018). *Nur 6,8% aller Google-Klicks gehen auf AdWords-Anzeigen.* https://www.sistrix.de/news/nur-6-prozent-aller-google-klicks-gehen-auf-adwords-anzeigen/. Zugegriffen: 20. Aug. 2018.

Böttcher, G. (2014). *Die Macht der Buying Center.* https://www.springerprofessional.de/vertriebsmanagement/die-macht-der-buying-center/6603888. Zugegriffen: 17. Aug. 2018.

Brecht, K. (2018). *Wavemaker-Studie: Mehr als jeder Zweite findet Influencer unglaubwürdig.* https://www.horizont.net/marketing/nachrichten/Wavemaker-Studie-Mehr-als-jeder-Zweite-findet-Influencer-unglaubwuerdig-166722. Zugegriffen: 21. Aug. 2018.

Djokovic, N. (2014). *Siegernahrung: Glutenfreie Ernährung für Höchstleistung.* München: Riva.

DomainFactory. (o. J.). *Wir sind bereit – auch für Ihren Erfolg. Start frei!* https://www. df.eu/. Zugegriffen: 21. Aug. 2018.

Economist Group. (2016). Missing the mark. http://www.missingthemark.ads.economist. com/

Elbkind. (o. J.). *Ritter Sport – Einhorn.* https://www.elbkind.de/case/ritter-sport-einhorn/. Zugegriffen: 21. Aug. 2018.

Esch, F.-R., Knörle, C., & Strödter, K. (2014). *Internal Branding: Wie Sie mit Mitarbeitern Ihre Marke stark machen.* München: Vahlen.

Faktenkontor GmbH. (o.J.). *Soziale Medien für Groß und Klein.* https://www.faktenkontor. de/corporate-social-media-blog-faktzweinull/soziale-medien-fuer-gross-und-klein/. Zugegriffen: 22. Aug. 2018.

Firsching, J. (2018). So funktioniert der Instagram Algorithmus und die Ergebnisse sprechen für Instagram. *Futurebiz,* 4. Juni 2018. http://www.futurebiz.de/artikel/instagram-algorithmus-faktoren/. Zugegriffen: 21. Aug. 2018.

FoLIESEN e.K. (o. J.). *Fliesenaufkleber-Probemuster.* https://www.foliesen.de/fliesenaufkleber/probemuster/. Zugegriffen: 22. Aug. 2018.

Friedrich, K., Malik, F., Seiwert, L., & Mewes, W. (2009). *EKS® – Das große 1x1 der Erfolgsstrategie: EKS® – Erfolg durch Spezialisierung.* Offenbach: Gabal.

Gabot.de. (2018). *Pötschke: Gewinnt Onlinehandel-Award 2018.* 16. April 2018. https://www.gabot.de/ansicht/news/detail/News/poetschke-gewinnt-onlinehandel-award-2018-390997.html. Zugegriffen: 21. Aug. 2018.

Geffroy, E. K. (2015). *Herzenssache Kunde. Die sieben Schlüssel zu einzigartigem Kundenerfolg mit Clienting.* München: Redline.

Google Analytics. (o. J.). *Google Analytics.* https://analytics.google.com/analytics/web/#/report/visitors-demographics-overview/. Zugegriffen: 22. Aug. 2018.

Grabs, A., Vogl, E., & Bannour, K.-P. (2017). *Follow me!* Bonn: Rheinwerk.

Gruner+Jahr GmbH. (2017). *Die Wirkung der Influencer. Dos and Dont's beim Influencer Marketing.* https://www.gujmedia.de/fileadmin/Media-Research/Online-Studien/guj_influencer_marketing_dmexco_2017.pdf. Zugegriffen: 21. Aug. 2018.

Gruppe Nymphenburg Consult AG. (o. J.). *Die Welt der Motive und Werte hinter Ihrer Marke auf einen Blick.* https://www.nymphenburg.de/limbic-map.html. Zugegriffen: 22. Aug. 2018.

Häusel, H. G. (2011). *Wie Marken wirken. Impulse aus der Neuroökonomie für die Markenführung.* München: Vahlen.

Häusel, H. G. (2014). *Think limbic. Die Macht des Unbewussten nutzen für Management und Verkauf.* Freiburg: Haufe.

Hansmann, F. (2017). Influencer – die virale Macht. *Statista,* 14. September 2017. https://de.statista.com/infografik/11075/das-phaenomen-influencer-in-zahlen/. Zugegriffen: 21. Aug. 2018.

Hirschfeld, S. T. von, & Josche, T. (2018). *Lean content marketing.* Heidelberg: O'Reilly.

Hofer, S. (2013). Warum Facebook-User Marken folgen. *Internet World Business,* 2. Dezember 2013. https://www.internetworld.de/social-media/facebook/facebook-user-marken-folgen-298865.html. Zugegriffen: 21. Aug. 2018.

Ikea. (o. J.). *Vision und Geschäftsidee.* https://www.ikea.com/ms/de_DE/this-is-ikea/about-the-ikea-group/index.html. Zugegriffen: 20. Aug. 2018.

Ille, H. (o. J.). *Der Fisch im Radar – so kommt die Strategie in den Content.* https://scompler.com/gastbeitrag-fish-im-radar-so-wird-content-zur-strategie/. Zugegriffen: 21. Aug. 2018.

Instagram. (o. J.). A quick walk through our history as a company. https://instagram-press.com/our-story/. Zugegriffen: 21. Aug. 2018.

jameda GmbH. (o. J.). *Homepage.* https://www.jameda.de/. Zugegriffen: 21. Aug. 2018.

Janotta, A. (2017). Wann User Marken bei Facebook liken. *W&V,* 15. August 2017. https://www.wuv.de/digital/wann_user_marken_bei_facebook_liken. Zugegriffen: 21. Aug. 2018.

Justiz-online. (2011). *Oberlandesgericht Köln, 6 U 193/10.* http://www.justiz.nrw.de/nrwe/olgs/koeln/j2011/6_U_193_10_Urteil_20110601.html. Zugegriffen: 21. Aug. 2018.

Koß, S. (2018). LinkedIn Mitglieder 2018 in Deutschland, Europa und Welt. *LinkedInsiders,* 2. Januar 2018. https://linkedinsiders.wordpress.com/2018/01/02/linkedin-mitglieder-2018-deutschland-europa-und-welt/. Zugegriffen: 21. Aug. 2018.

Kreutzer, R. T. (2017). *Praxisorientiertes Marketing – Grundlagen – Instrumente – Fallbeispiele.* Wiesbaden: Springer Gabler.

Kulka, R. (2013). *E-Mail-Marketing: Das umfassende Praxis-Handbuch.* Frechen: mitp.

LinkedIn. (o. J.). *LinkedIn Sales Navigator – Funktionen.* https://business.linkedin.com/de-de/sales-solutions/sales-navigator/liste-funktionen. Zugegriffen: 21. Aug. 2018.

Löffler, M. (2014). *Think Content!* Bonn: Rheinwerk.
MAtech Schoepf. (o. J.). Marketing automation software evaluation. https://www.marketingautomation.tech/evaluation-systeme/. Zugegriffen: 15. Aug. 2018.
McCarthy Group. (2014). *Millennials: Trust & attention survey.* http://www.themccarthygroup.com/wp-content/uploads/2017/09/millenial-survey.pdf. Zugegriffen: 21. Aug. 2018.
MDG Advertising. (2014). *The Shift to Native Advertising [Infographic].* https://www.mdgadvertising.com/marketing-insights/infographics/the-shift-to-native-advertising-in-marketing-infographic/. Zugegriffen: 28. Aug. 2018.
Meaningful Brands. (o. J.). *Insights.* https://www.meaningful-brands.com/en/insights. Zugegriffen: 21. Aug. 2018.
Müller. F. (2017). „Wir sollten aufhören, herumzujammern". *Horizont,* 23. November 2017. https://www.horizont.net/marketing/nachrichten/DMV-Praesident-Ralf-Strauss-im-Interview-Wir-sollten-aufhoeren-herumzujammern-162829. Zugegriffen: 21. Aug. 2018.
Nähszene. (2017). *Black Friday? Black Nähday!* https://www.facebook.com/Naehszene/photos/a.181572591964816.36715.180163802105695/1459530774168985/?type=3. Zugegriffen: 21. Aug. 2018.
o. V. (2017). Leben und Arbeiten: Wie Arbeitgeber Work-Life-Balance fördern. *Computerwoche, April 2017,* S. 12–13. https://www.computerwoche.de/fileserver/idgwpcw/files/2685.pdf. Zugegriffen: 17. Aug. 2018.
Pinterest. (o. J.). *Pinterest-Zielgruppendemographie.* https://business.pinterest.com/de/audience-demographics-user-stats. Zugegriffen: 21. Aug. 2018.
Porter, M. E. (2013). *Wettbewerbsstrategie. Methoden zur Analyse von Branchen und Konkurrenten.* Frankfurt a. M.: Campus.
PR-Gateway. (o. J.). *Content Marketing und PR in der B2B-Kommunikation.* https://www.pr-gateway.de/blog/content-marketing-b2b-kommunikation/. Zugegriffen: 21. Aug. 2018.
Presseportal. (2017). *LinkedIn erreicht 10 Millionen Mitglieder in Deutschland, Österreich und der Schweiz.* https://www.presseportal.de/pm/64022/3654852. Zugegriffen: 21. Aug. 2018.
Rieber, D. (2017). *Mobile Marketing. Grundlagen, Strategien, Instrumente.* Wiesbaden: Springer Gabler.
Ruttkowski, C. (2014). Wozu Online-Bewertungen und Kundenempfehlungen? *Proven Expert,* 28. Mai 2018. https://www.provenexpert.com/de-de/blog/empfehlungsmarketing-kundenfeedback-infografik/. Zugegriffen: 21. Aug. 2018.
Schüller, A. (2017). *Marketing-Automation für Bestandskunden: Mehr Umsatz mit der Wasserlochstrategie®.* Freiburg: Haufe.
Sens, B. (2017). *Schluss mit 08/15-Websites – so bringen Sie Ihr Online-Marketing auf Erfolgskurs: 79 Tipps für Ihren Online-Auftritt.* Wiesbaden: Springer Gabler.
Statista. (2017). *Beliebteste Modemarken nach der Anzahl der Instagram-Follower weltweit im Jahr 2017 (in Millionen).* https://de.statista.com/statistik/daten/studie/520471/umfrage/anzahl-der-follower-von-modemarken-auf-instagram/ + eigene Recherche.
Statista. (2018a). *Anzahl der monatlich aktiven YouTube-Nutzer in ausgewählten Ländern weltweit im Jahr 2015 (in Millionen).* https://de.statista.com/statistik/daten/studie/554542/umfrage/anzahl-der-monatlich-aktiven-youtube-nutzer-in-ausgewaehlten-laendern-weltweit/. Zugegriffen: 21. Aug. 2018.

Statista. (2018b). *Wie oft schauen Sie im Vorfeld einer Kaufentscheidung YouTube-Videos mit Personen, die Produkte erklären, testen oder beschreiben?* https://de.statista. com/statistik/daten/studie/801496/umfrage/nutzung-von-youtube-videos-vor-kaufentscheidungen-in-deutschland/. Zugegriffen: 21. Aug. 2018.

Stolz, W., & Wedel-Klein, A. (2013). *Employer Branding: Mit Strategie zum bevorzugten Arbeitgeber*. München: Oldenburg.

Tracy, B. (2018). *Ziele: Setzen Verfolgen Erreichen*. Frankfurt a. M.: Campus.

Voigt, P., & non dem Bussche, A. (2018). *EU-Datenschutz-Grundverordnung (DSGVO): Praktikerhandbuch*. Berlin: Springer.

Wala, H. (2016). *Meine Marke: Was Unternehmen authentisch, unverwechselbar und langfristig erfolgreich macht*. München: Redline.

We are social. (o. J.). *Global Digital Report 2018*. https://digitalreport.wearesocial.com/. Zugegriffen: 21. Aug. 2018.

Welge, M., Al-Laham, A., & Eulerich, M. (2017). *Strategisches Management*. Wiesbaden: Springer Gabler.

Würth, R. (1996). *Beiträge zur Unternehmensführung*. Künzelsau: Swiridoff.

XING. (2018a). *XING Corporate*. https://corporate.xing.com/. Zugegriffen: 21. Aug. 2018.

XING. (2018b). *Daten und Fakten*. https://werben.xing.com/daten-und-fakten/. Zugegriffen: 21. Aug. 2018.

YouTube. (o. J.). *YouTube for Press*. https://www.youtube.com/intl/en-GB/yt/about/press/. Zugegriffen: 21. Aug. 2018.

Das Online-Marketing-Cockpit in der Praxis

3

3.1 Nähszene | TURM-Stoffe GmbH

Nähszene bietet Nähbegeisterten eine Fülle an Produkten und Serviceleistungen an. In fünf Filialen, die in NRW gelegen sind, verkaufen über 80 Mitarbeiter Nähmaschinen, Stoffe und Ersatzmaterial. Zusätzlich werden Nähkurse in den jeweiligen fünf Filialen angeboten, die fast immer ausgebucht sind. Mit der Zeit wurde ein eigener Online-Shop (naehszene.de) aufgebaut, der mittlerweile einen sehr wichtigen Part in der strategischen Ausrichtung des Unternehmens einnimmt.

Auffallend bei Nähszene ist der Geschäftsführer, Dirk Müller, der das Unternehmen in dritter Generation führt. Mit seiner Begeisterung und Expertise machte er die Nähszene zu einem der umsatzstärksten Unternehmen in der Branche. Lediglich drei bis vier weitere Wettbewerber erreichen einen größeren Marktanteil. Der Abstand zu diesen ist hinsichtlich des Umsatzes teilweise recht groß.[1]

Das Online-Cockpit von Nähszene ist in Abb. 3.1 zu sehen.

Positionierung

Aufgrund der Preisbindung bei vielen Nähmaschinen war eine Kostenführerschaft in diesem Segment nicht möglich. Demnach konnte Nähszene nur die Positionierung als Differenzierer mit der höchsten Qualität anstreben. In den Filialen wird das auch in den Gesprächen mit dem Personal erlebbar. Doch wie kann die

---

[1]Aussage des Geschäftsführers der Nähszene, Dirk Müller.

Die Originalversion dieses Kapitels wurde revidiert. Ein Erratum ist verfügbar unter
https://doi.org/10.1007/978-3-658-23615-1_5

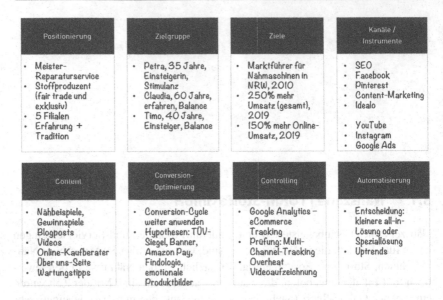

Abb. 3.1 Online-Marketing-Cockpit der Nähszene I TURM-Stoffe GmbH

Qualität online wahrgenommen werden? Das ist die große Herausforderung des Unternehmens. Folgende Merkmale können als Status quo festgehalten werden:

- Meister-Reparaturservice
- Stoffproduzent
  - Exklusiv
  - Fair trade
  - Schadstoffgeprüft
  - Höchste Qualität
- Fünf Filialen
  - Beratung
  - Nähkurse
  - Exklusive (Stoff-)Angebote
  - Stoffe zum Fühlen
- Erfahrung und Tradition
  - Dritte Generation
  - Geschäftsführer Dirk Müller
  - Die ganze Familie von Herrn Müller arbeitet im Unternehmen mit

Zielgruppe

Die Zielgruppe der Nähszene ist rein B2C und kann sowohl offline als auch online in drei Personae unterschieden werden:

* Valeria, 35 Jahre, Wohnort Berlin, Mutter von zwei Kindern: Sie ist immer auf der Suche nach einer neuen Herausforderung, möchte Neues erleben und hat Spaß daran, für sich und ihre Familie Sachen selbst zu machen. Wie ihre Freundinnen auch möchte sie das Nähen kennenlernen. Dafür kauft sie sich eine Einsteiger-Nähmaschine wie die Gritzner 788. In der Limbic Map® kann sie links oben bei Stimulanz angesiedelt werden. Sie besucht gerne Websites wie Google, YouTube, Facebook, Instagram, Pinterest, Amazon und Nähblogs.
* Claudia, 60 Jahre, Wohnort Köln: Sie ist eine erfahrene Näherin, die besonders auf Qualität achtet. Sowohl die Nähmaschine als auch die Stoffe müssen sehr hochwertig sein. In der Limbic Map® definieren wir sie unten bei Qualität, Tradition, Sicherheit und Gesundheit. Sie besucht gerne Websites wie Google, eBay und Amazon.
* Timo, 40 Jahre, Wohnort Dortmund: Timo achtet sehr auf seine Gesundheit und kauft im Supermarkt nur Bio-Lebensmittel ein. Seine Kleidung sollte keine Schadstoffe beinhalten und er möchte sie daher selbst nähen. Er ist Anfänger und tastet sich nach und nach an die Thematik heran. Er schaut sich über YouTube Nähtipps für Anfänger an und hat zuletzt einen Einsteigernähkurs besucht. Jetzt möchte er sich seine erste Nähmaschine anschaffen. Wie auch Claudia ist er bei Balance anzusiedeln. Er besucht gerne Websites wie Google, YouTube, Facebook, idealo, Amazon und menshealth.de.

Als wichtigste Persona wird Claudia bestimmt, die hochpreisige Nähmaschinen und Stoffe kauft. Dort besteht für Nähszene die höchste Marge und die Qualität wird von der Persona wahrgenommen bzw. wertgeschätzt. Eine wichtige Rolle spielen auch die fünf Filialen in NRW: Die Persona soll als großen Mehrwert die fünf Filialen wahrnehmen und dazu tendieren, diese aufzusuchen. Das ist eine der Differenzierungen zum Wettbewerb, welcher größtenteils keine Offline-Filialen betreibt. Die Werte der Limbic Map® stimmen sehr gut mit der Positionierung der Nähszene überein; es muss daher keine Repositionierung stattfinden. Es gilt, die Positionierung auf dem Online-Shop mehr hervorzuheben.

Ziele

Die Nähszene erreichte in der Vergangenheit stetig wachsende Umsatzzahlen. Das Unternehmen wächst organisch, was sich wiederum mit den Unternehmenswerten deckt. Auch wenn meine Agentur Sensational Marketing bei der Nähszene die Online-Umsatzzahlen im Jahresvergleich 2016/2017 bereits um 232 % steigern konnte, besteht weiterhin ein großes Potenzial. Folgende TEAM-Ziele werden zukünftig verfolgt:

- Marktführer für Nähmaschinen in NRW bis 2020
- 250 % mehr Umsatz (gesamt) für das Jahr 2019 – im Vergleich zum Jahr 2018
- 150 % mehr Online-Umsatz für das Jahr 2019 – im Vergleich zum Jahr 2018

Kanäle und Instrumente
Laut den Personadefinitionen konnten folgende Websites als relevant betrachtet werden:

- Google
- Facebook
- YouTube
- Instagram
- Pinterest
- eBay
- Amazon
- idealo
- Nähblogs
- menshealth.de

Wie und ob die Personae in Google sucht und in Facebook aktiv ist, das prüfen wir speziell:

- **Google:** Ob die Zielgruppe in Google sucht, das prüfen wir im Google Ads-KeywordPlaner. Der Planer gibt aus, dass nach dem Suchbegriff „Bernina 1008" (einer hochpreisigen Nähmaschine) 210 Suchanfragen pro Monat im Durchschnitt der letzten zwölf Monate in Deutschland eingingen. Nach der günstigen Nähmaschine „Gritzer 788" werden monatlich 4.400 Suchanfragen gestellt. „Nähen für Anfänger" wird sogar 5.400 Mal gesucht.
- **Facebook:** Wir navigieren zu der Seite https://www.facebook.com/ads/ audience_insights und geben mögliche Interessen der Nähszene-Personae (Valeria und Timo) ein. Dazu haben wir unter anderem „Nähen" und „Guido Maria Kretschmer" mit der Altersangabe 28 bis 45 Jahre (also das Alter der Personae etwas ausgeweitet) gesucht und eine große Anzahl potenzieller Kunden gefunden. Insgesamt wurden über 500.000 Personen in Deutschland gefunden, die Nähen als Interesse angegeben haben und dem Modexperten

folgen. Die Verteilung ist ebenfalls interessant, jedoch auch vorhersehbar: Die 500.000 Personen können in 93 % Frauen und sieben Prozent Männer unterteilt werden. 61 % der Personen sind verheiratet und 64 % haben einen Hochschulabschluss.

Schließlich bestimmen wir die folgenden Kanäle und Instrumente als zielführend: Google, Facebook, Instagram, YouTube, Content-Marketing und E-Mail-Marketing. Aufgrund der Wettbewerbs- und SWOT-Analyse (vgl. in Kap. 2 die Abb. 2.18 und Abb. 2.19) werden folgende Kanäle und Instrumente zunächst priorisiert:

- SEO
- Facebook
- Pinterest
- Content-Marketing
- YouTube
- idealo

Content
Das AIDAL-Modell zeigt die Content-Strategie der Nähszene gut auf (Abb. 3.2). Eine detailliertere Beschreibung der einzelnen Phasen in diesem Modell finden Sie nachstehend:

- **A:** Für eine größere Reichweite werden für Valeria und Timo Nähbeispiele, Gewinnspiele und zum Black Friday der bereits einmal durchgeführte Black Nähday beworben. Der Black Nähday bietet den Interessenten einen Rabatt auf ausgewählte Anfänger-Nähmaschinen, jedoch nur an diesem einen Tag. Dadurch erreichen wir die gewünschte Verknappung.
- **I:** Für die Personae Timo, Claudia und Valeria werden für die Interest-Phase drei bis vier Blogposts pro Monat erstellt, die Nähtipps und Anleitungen beinhalten. Der Blogartikel von 2016 zum Thema Kinderkostüme selbst machen (http://blog.naehszene.de/kinderkostueme-selber-machen/) kam damals bereits sehr gut an und führte zu einem erheblichen Besucheranstieg. Diese Tipps sollte der Geschäftsführer Dirk Müller durch seine vertrauenswürdige Art in Videos vorführen und einsprechen. Dies stellt aktuell eine Nische dar, weil Männer bisher wenige Videos zum Nähen publiziert haben. Daher bleiben die Videos eher im Gedächtnis und führen nachhaltig zum Markenaufbau der Nähszene.
- **D:** Oft sind die Surfer bei der großen Auswahl von Nähmaschinen überfordert. Daher sollte ein Online-Kaufratgeber für Nähmaschinen programmiert

werden, der den Besuchern geeignete Nähmaschinen empfiehlt. Dabei sollen insbesondere die Näharten und Nählevel der Interessenten abgefragt werden. Zusätzlich soll die Beratung in den Filialen inhaltlich im Online-Shop mehr in den Vordergrund gerückt werden. Eine Über-uns-Seite sollte erstellt und darin speziell die Themen Familie, Fair Trade Philosophie, fünf Filialen, Meister-Reparaturservice behandelt werden. Der Grund ist einfach: Damit beziehen wir uns auf die emotionalen Entscheidungsmerkmale aus der Limbic Map® der Personae. Diese werden favorisiert behandelt. Für eine bessere Auffindbarkeit in Google und einen besseren Qualitätsfaktor in Google Ads sollen die Kategorie- und Produktseiten inhaltlich weiter ausgebaut werden. Besonders die Produktseiten beinhalten aktuell noch zu wenige Texte, die auf die Eigenschaften der Produkte – speziell die emotionalen Entscheidungsmerkmale – eingehen.

- **A:** Kurz vor dem Kauf ergeben sich letzte Fragen, die die Unsicherheit der drei Personae ausräumen sollen. Es wird eine Unterseite FAQs geschaffen und die Seiten Versand- und Zahlungsinformationen werden überarbeitet. Die bisherigen Informationen sind zwar ausreichend, jedoch passen diese nicht zur Positionierung als Differenzierer. Ein Differenzierer bietet den Kunden einen besonderen Service an. Wie ein Produkt zurückgesendet werden kann, sollte ein neuer Unterpunkt der Versandseite sein.

- **L:** Bestandskunden wird zu den versendeten Paketen ein Video-Gutschein von dem Kooperationspartner Makerist beigelegt. Dies ist ein zuletzt geschaffener Mehrwert für die Kunden, der beibehalten werden soll. Zukünftig sollen vermehrt Wartungstipps für Nähmaschinen im Blog der Nähszene publiziert werden, um dem Anspruch der Nachhaltigkeit gerecht zu werden.

Da die Nähszene tendenziell eher eine zu geringe Reichweite hat – unter anderem zu wenige Facebook-Follower – sollte die Priorität darauf liegen und damit auch das Budget anfangs darauf verwendet werden. Nach einigen Wochen können die weiteren Phasen des AIDAL-Modells bearbeitet werden. Es ist wichtig, die weiteren Phasen nicht zu lange hinauszuschieben, da sonst der „Nachschub" für die neu gewonnen Follower fehlt. Stellen Sie sich einen Trichter vor: Die potenziellen Kunden müssen durch weitere Inhalte in den Phasen nach unten durchgereicht werden, sodass sie letztlich ein Produkt bei der Nähszene kaufen.

Conversion-Optimierung

Für die Conversion-Optimierung wurden in der Vergangenheit bereits Maßnahmen durchgeführt. Unter anderem wurde in dem Bestellprozess die Navigationsleiste entfernt und auf der Startseite wurden die drei wichtigen Bereiche „Filialen

	Attention	Interest	Desire	Action	Loyality
Warum?	Reichweite erhöhen, Follower gewinnen	Informieren, Expertenstatus aufbauen	Kaufentscheidung beeinflussen	Zum Abschluss bringen	Kunden binden
Wer?	Timo, Valeria	Claudia, Timo, Valeria	Claudia, Timo, Valeria	Claudia, Timo, Valeria	Claudia, Timo, Valeria
Wo?	Facebook, YouTube, Instagram, Pinterest	SEO, SEA, YouTube, Nähblogs	SEO, SEA, Online-Shop	Online-Shop	Social Media, Newsletter, Blog
Wie?	Text, Bild, Video	Text, Video	Text, Bild, Konfigurator	Text	Text, Bild, Video
Was?	Nähbeispiele, Gewinnspiele, Black Nähday, Highlight-Content: E-Book „Nähen für Männer"	Blogartikel mit Nähtipps, Anleitungen	Nähmaschinen-Kaufberatung als Konfigurator, Über-uns-Seite (Familie vorstellen, Fair Trade Philosophie, 5 Filialen, Meister-Reparaturservice), Produkt- und Kategorieseiten mit Informationstexten	FAQs, Bewertungen, Versand- und Zahlungsinformationen (weiter ausbauen)	Video-Gutschein für Online-Nähkurs, Wartungstipps
Wann und wie viel?	Highlight-Content 1-2 Mal pro Jahr (weitere Themen als E-Book aufnehmen). Social Media-Beiträge 5-6 Mal pro Woche	3-4 Blogposts (je nach Länge) pro Monat	Einmalig	Einmalig	Einmalig
Call to Action	Folgen	Kaufen oder folgen	Kaufen	Kaufen	Folgen und Crosselling

Abb. 3.2 Content-Plan für naehszene.de nach dem AIDAL-Modell

vor Ort, Meister-Reparaturservice und kostenloser Videokurs" prominenter dargestellt. Der Conversion-Cycle zeigt nach und nach seine Wirkung.
Strategisch betrachtet sollte das Tempo der Hypothesenentwicklung und -überprüfung weiter gesteigert werden. Die bisherigen Erfolge der Conversion-Optimierung haben die Wirkung belegt. Weitere Hypothesen können sein:

- Zertifizierung durch den TÜV-Süd für das Gütesiegel „s@fer-shopping"[2], um für noch mehr Vertrauen bei der Zielgruppe zu sorgen
- Banner entwickeln für die Bewerbung einer kostenlosen Beratung in den Filialen vor Ort, welches nur bei Personen ausgespielt wird, die in NRW wohnen und sich ein Produkt ab 1.000 Euro ansehen
- Amazon Pay als Zahlungsanbieter einbinden
- Filialunterseiten erstellen und darin die Mitarbeiter einzeln vorstellen. Dabei sollte deren Qualifizierung erwähnt werden.
- Findologic als Such-Software nutzen, um die Suchfunktion zu verbessern
- Den Geschäftsführer Dirk Müller auf der Startseite mit einer Kurzvorstellung einbringen (ähnlich zu https://www.hipp.de/ – weit am Ende der Startseite)
- emotionale Bilder anstatt reiner Produktbilder auf Produktseiten nutzen

Controlling
Das E-Commerce-Tracking wurde mithilfe von Google Analytics professionell umgesetzt und funktioniert reibungslos. Alle Abverkäufe werden getrackt.
Zukünftig soll die Machbarkeit eines Multi-Channel-Trackings überprüft werden. Vergleichbare Unternehmen haben dies bereits erfolgreich umgesetzt (vgl. Tiplady 2018). Ob dies DSGVO-konform ist, muss untersucht werden.

Automatisierung
Zukünftig soll das Marketing schrittweise automatisiert werden. Die Fragen aus der Abb. 2.30 wurden meistens mit „B" beantwortet. Demnach könnte entweder eine kleinere All-in-one-Lösung oder eine Speziallösung sinnvoll sein.
Mithilfe einer Automatisierungslösung könnten die Personae Valeria und Timo nach 18 Monaten eine Nähmaschine für fortgeschrittene Näher per E-Mail angeboten bekommen. Claudia könnte in einem vordefinierten Zyklus Wartungstipps für ihre Nähmaschine erhalten, wodurch sie von dem Service der Nähszene weiter überzeugt sein und dies potenziell ihren Nähfreundinnen erzählen wird.

---

[2]https://www.tuev-sued.de/fokus-themen/it-security/safer-shopping/onlinehaendler.

Für die Website-Überwachung sollte die Nähszene Uptrends einsetzen. Dadurch können Ausfälle schnell aufgedeckt und es kann darauf reagiert werden. Inhaltliche Änderungen der Wettbewerber könnten ebenfalls schnell entdeckt werden.

3.2 Albrecht Bäumer GmbH & Co. KG

„Die Albrecht Bäumer GmbH & Co. KG ist seit fast 70 Jahren ein führender Hersteller von Maschinen und Anlagen für die Schaumstoffindustrie. Der Unternehmensschwerpunkt liegt auf Spezialmaschinen zum Schneiden, Bearbeiten und Transport von Polyurethan-Schaumstoffen und ähnlichen Materialien. In diesem Bereich haben wir uns als mittelständisches Unternehmen vom Pionier zum weltweiten Marktführer entwickelt.

Eigene Vertriebs- und Serviceniederlassungen gibt es in den USA, Japan und China sowie eine Messerproduktion als Joint Venture in Südafrika. Ein Erfolgsfaktor von Bäumer ist die Ausbildungsarbeit, ca. 10 % der Belegschaft sind Auszubildende. Der Umsatz betrug im Schnitt der letzten Jahre etwa 45 Mio. Euro, 85 % davon steuerte das Auslandgeschäft bei. Jan Henrik Leisse und Nina Patisson führen das Familienunternehmen in vierter Generation.", so beschreibt sich das Unternehmen Albrecht Bäumer sehr treffend auf seiner Über-uns-Seite auf www.baeumer.com.

Das Online-Cockpit der Albrecht Bäumer GmbH & Co. KG ist in Abb. 3.3 zu sehen.

Positionierung
In der Unternehmensbeschreibung wird für Sie schnell klar, wie sich Bäumer positioniert: als weltweiter Marktführer. Das Unternehmen entwickelt selbst neue Produkte und baut damit seine Position stetig weiter aus. Das ist sicherlich ein Erfolgsgeheimnis von Bäumer: die kontinuierliche Verbesserung des Produktportfolios auf dem technisch höchsten Stand. Der Beweis dafür ist zuletzt die neueste Automatisierungslösung, mit der sich die Maschinen unter anderem selbst warten und damit die Ausfallzeiten reduziert werden können. Dies stellt auch den größten Engpass der Zielgruppe dar: Ausfallzeiten auf ein Minimum reduzieren. Dafür bedarf es eines Höchstmaßes an Know-how und präziser Arbeit.

Ein deutsches Unternehmen hat mit dem Prädikat „Made in Germany" weltweit weiterhin einen großen Wettbewerbsvorteil. Doch sich darauf auszuruhen, wäre vermessen. Daher hat das Unternehmen historisch sehr gut agiert und unter anderem Awards für das Qualitätsmanagement, wie ISO 9001 und von Lloyd's Register, erhalten.

Abb. 3.3 Online-Marketing-Cokpit der Albrecht Bäumer GmbH & Co. KG

Für den weiterhin hohen Qualitätsstandard bildet Bäumer seit der Unternehmensgründung Fachkräfte selbst aus. Das Problem des demografischen Wandels ist bereits jetzt stark bemerkbar. Hinzu kommt, dass der Standort von Bäumer in Freudenberg (ca. 14 km von Siegen entfernt) nicht sehr attraktiv ist. Für derzeitige und potenzielle Bewerber positioniert sich Bäumer noch einmal speziell für diese Zielgruppe: als Familienunternehmen. Die Geschäftsführung leitet Bäumer in vierter Generation, das hat eine Strahlkraft auf das ganze Unternehmen. So wurde Bäumer auch als familienfreundliches Unternehmen ausgezeichnet.

Zielgruppe
Die Zielgruppe von Bäumer sind insbesondere Matratzenhersteller, die Schaumstoff entsprechend zuschneiden müssen. 85 % des Umsatzes generiert Bäumer außerhalb Deutschlands. Aufgrund von Interviews mit Kunden ergaben sich folgende vier Personae:

- Paul, Produktionsleiter (48 Jahre alt): Qualität, Präzision und Zuverlässigkeit der Maschinen sind ihm besonders wichtig. Er ist fachlich an Innovationen und Prozessoptimierungen interessiert, wichtige Websites sind für ihn Online-Fachzeitschriften (für Deutschland: kunststoffxtra.com, produktion.de),

SlideShare, Facebook, Google, LinkedIn und YouTube. In der Limbic Map®
befindet er sich rechts unten.

- Petra, Assistentin (45 Jahre alt): Sie muss geeignete Anbieter recherchieren
  und ihrem Produktionsleiter vorlegen. Wichtige Websites sind für sie Facebook und Google. Sie ist auf Sicherheit bedacht, tendiert zu Unternehmen mit
  Tradition und Auszeichnungen. In der Limbic Map® befindet sie sich mittig
  unten.
- Hans, Geschäftsführer (55 Jahre alt): Er entscheidet mit seinem Produktionsleiter über die favorisierten Anbieter. Wichtige Websites sind für ihn wiwo.
  de, LinkedIn und Google. Für den Geschäftsführer sind insbesondere die Effizienz und Wirtschaftlichkeit der Investition wichtige Aspekte. Oftmals tendiert
  er auch zu Status-Unternehmen, die einen Namen in der Branche haben. Er
  befindet sich in der Limbic Map® rechts oben bei Dominanz.
- Claudia, Einkäuferin (42 Jahre alt): Sie verhandelt letztlich mit den favorisierten Anbietern. Für sie spielt das Preis-Leistungs-Verhältnis eine große Rolle.
  Sie entscheidet – zumindest bewusst – auf Grundlage von Daten und Fakten.
  Sie vergleicht lediglich die Angebote und ist in der Limbic Map® rechts unten
  anzuordnen.

Für das Online-Marketing sind alle vier Personae wichtig. Sie alle kommen mit
den Online-Kommunikationsmitteln von Bäumer in Berührung und müssen entsprechend der Limbic-Map®-Zuordnung inhaltlich überzeugt werden.

Zusätzlich zu dem Buying-Center kann Bäumer ebenfalls eine Persona für ihre
Auszubildendenstellen anfertigen. Bäumer könnte demnach Emily (19 Jahre alt),
Schülerin eines Gymnasiums in Siegen, mit einer Limbic-Map®-Ausprägung bei
Stimulanz für eine Marketingausbildung als Persona definieren. Sie bewegt sich
im Internet auf Websites wie YouTube, Google, Instagram und aubi-plus.de.

Ziele
Bisher erreichte das Unternehmen konstant gute wirtschaftliche Kennzahlen bei
einem gesunden Wachstum. Bäumer möchte nachhaltig durch Online-Marketing
Neukunden generieren und insbesondere gute Bewerbungen erhalten. Zukünftig
setzt das Unternehmen auf die Definition und Kommunikation der folgenden
TEAM-Ziele:

- 20 % mehr Gewinn bereichsübergreifend für das Jahr 2019 – im Vergleich
  zum Jahr 2018
- 300 % mehr Leads im Bereich Automatisierung für das Jahr 2019 – im Vergleich zum Jahr 2018

Kanäle und Instrumente

Für die Auswahl der Kanäle und Instrumente bedienen wir uns zum einen der Wettbewerbs- bzw. SWOT-Analyse und zum anderen der Zielgruppenanalyse. Bitte verstehen Sie auch an dieser Stelle, dass wir keine tiefgreifenden Informationen von Bäumer und deren Strategie preisgeben dürfen. Trotzdem wagen wir einen schnellen Blick durch das Schlüsselloch, um die Auswahl der Kanäle und Instrumente beispielhaft aufzuzeigen (s. Abb. 3.4 und Abb. 3.5).

KPIs	SEO Sichtbarkeitsindex (Sistrix)	SEA Anzahl gebuchter Keywords (Sistrix)	Facebook Follower	Instagram Follower
baeumer.com	0,0217	0	714	0
datron.com	0,0521	0	21172	0
foamlinx.com	0	0	337	0
sitola.de	0,0006	0	10	0

Abb. 3.4 Online-Marketing-Wettbewerbsvergleich für das Unternehmen Albrecht Bäumer GmbH & Co. KG – Ausschnitt

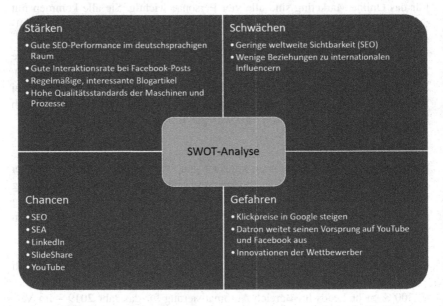

Stärken
- Gute SEO-Performance im deutschsprachigen Raum
- Gute Interaktionsrate bei Facebook-Posts
- Regelmäßige, interessante Blogartikel
- Hohe Qualitätsstandards der Maschinen und Prozesse

Schwächen
- Geringe weltweite Sichtbarkeit (SEO)
- Wenige Beziehungen zu internationalen Influencern

SWOT-Analyse

Chancen
- SEO
- SEA
- LinkedIn
- SlideShare
- YouTube

Gefahren
- Klickpreise in Google steigen
- Datron weitet seinen Vorsprung auf YouTube und Facebook aus
- Innovationen der Wettbewerber

Abb. 3.5 SWOT-Analyse für das Unternehmen Albrecht Bäumer GmbH & Co. KG

Laut den Personadefinitionen konnten folgende Websites als relevant betrachtet werden:

- Google
- Facebook
- YouTube
- SlideShare
- LinkedIn
- kunststoffxtra.com
- produktion.de
- wiwo.de

Zu prüfen ist nun, ob die Zielgruppe tatsächlich in Google nach den unternehmensrelevanten Suchbegriffen sucht und in Facebook vertreten ist:

- **Google**: Sucht die Zielgruppe in Google? Dafür prüfen wir die möglichen Keywords im Google Ads-KeywordPlaner. Dieser Planer gibt aus, dass nach dem Suchbegriff „Schaumstoffschneidemaschine" beispielsweise 50 Suchanfragen pro Monat im Durchschnitt der letzten zwölf Monate in Deutschland eingehen. Dies ist für so eine spezielle Branche und einen hohen Investitionsaufwand nicht zu unterschätzen. SEO und SEA sind demnach relevant.
- **Facebook**: Wir navigieren zu der Seite https://www.facebook.com/ads/ audience_insights und geben mögliche Berufe oder Interessen der Bäumer-Persona Paul ein. Für den Produktionsleiter Paul haben wir unter anderem „Automobilindustrie" und „Kunststoff" als Interessen gesucht, als Berufsbezeichnung „Produktion" angegeben, das Alter 40 bis 50 Jahre und als Ausbildung „Hochschule" definiert. In Deutschland finden wir damit 3.500 bis 4.000 monatlich aktive Nutzer gefunden. Weltweit sind es sogar 250.000 bis 300.000 aktive Nutzer. Diese Zahlen sind überzeugend, sodass Facebook als Kanal für das Cockpit aufgenommen wird.

Schließlich bestimmen wir unter Berücksichtigung der Personadefintionen und der Abb. 2.14 (Nutzung von Social-Media-Portalen nach Altersgruppen) die folgenden Kanäle und Instrumente als zielführend: SEO, SEA, Facebook, LinkedIn, Content-Marketing und E-Mail-Marketing. Aufgrund der Wettbewerbs- und SWOT-Analyse werden folgende Kanäle und Instrumente zunächst priorisiert:

- SEO
- SEA

- Facebook
- Content-Marketing (um unter anderem in den Online-Fachzeitschriften zu erscheinen)

Content

Für die Inhalte orientiert sich Bäumer zukünftig an dem AIDAL-Modell (s. Abb. 3.6). Eine tiefergehende Beschreibung der einzelnen Phasen in diesem Modell finden Sie nachstehend:

- **A**: Mit dem Ziel, eine größere Reichweite zu erhalten und so die Persona Paul auf die Marke Albrecht Bäumer aufmerksam zu machen, setzt Bäumer auf die Kanäle YouTube und Facebook. Als interessante Inhalte wurden Videos und Blogbeiträge definiert. Die Videos zeigen, wie präzise die Maschinen Schaumstoff zuschneiden können. Beispielsweise könnte Bäumer dem 1. FC Köln zum Aufstieg in die 1. Bundesliga gratulieren, indem sie einen Geißbock aus Schaumstoff zuschneiden. Dieses Video hätte dann auch Potenzial für einen viralen Effekt. Darüber hinaus werden auch Produktinnovationen mithilfe von Videos und Blogbeiträgen vorgestellt.
- **I**: Für die Personae Paul und Petra werden für die Interest-Phase ein bis zwei Blogposts pro Monat erstellt, die unter anderem die Effizienzsteigerung in der Produktion behandeln.
- **D**: Für die Desire-Phase werden Checklisten, Award-Storys und eine Studie zur Automatisierung einmalig erstellt, um die drei Personae hinsichtlich ihrer individuellen Interessen und emotionalen Ausprägungen anzusprechen bzw. diese zu überzeugen. Diese Inhalte sollen die Positionierung Qualität „Made in Germany" und Innovationstreiber unterstützen.
- **A**: Nun sollen die Personae final überzeugt und zur Aktion geführt werden. Dafür erstellt Bäumer FAQs und Case Studies (Beschreibung erfolgreicher Kundenprojekte).
- **L**: Bestandskunden, speziell die Persona Paul als Produktionsleiter, werden durch Wartungstipps nachhaltig an das Unternehmen Bäumer gebunden und begeistert. Potenziell können zukünftig weitere Ersatzwerkzeuge und Services vertrieben werden.

Conversion-Optimierung

Im Unternehmen sollte der Conversion-Cycle etabliert werden und damit zu einer kontinuierlichen Optimierung der Konversionsrate führen. Eine erste Hypothese für die Optimierung ist der Einsatz der Arbeitgeber-Bewertungsplattform Kununu, um so die Arbeitgeberattraktivität zu demonstrieren und mehr Vertrauen

	Attention	Interest	Desire	Action	Loyalty
Warum?	Reichweite erhöhen, Follower gewinnen	Informieren, Expertenstatus aufbauen	Kaufentscheidung beeinflussen	Zum Abschluss bringen	Kunden binden
Wer?	Paul	Paul, Petra	Claudia, Paul, Hans	Paul, Hans	Paul
Wo?	Facebook, YouTube, LinkedIn	SEO	SEO, SEA, Newsletter, Website, Landingpage, SlideShare, LinkedIn	Website	Social Media, Newsletter, Blog
Wie?	Text, Bild, virales Video	Text	Text, Präsentationen	Text, Präsentationen	Text, Bild, Video
Was?	Schaumstoff als Tiere und Formen zuschneiden, Produktinnovationen	Azubi-Blog, Tipps zur Effizienzsteigerung in der Produktion	Checklisten, Studie zur Automatisierung, Award-Storys	FAQs, Case Studys	Wartungstipps
Wann und wie viel?	Die Azubis erstellen monatlich ein Video und posten dieses auf den Social-Media-Portalen. Produktinnovationen und Branchennews werden alle 2 Wochen publiziert.	1–2 Blogposts [je nach Länge] pro Monat	Einmalig	Einmalig	Einmalig
Call to Action	Folgen	Kaufen oder folgen	Kaufen	Kaufen	Folgen und Crosselling

Abb. 3.6 Content-Plan für baeumer.com nach dem AIDAL-Modell

bei den potenziellen Bewerbern herzustellen. Als A/B-Testingtool bietet sich der Anbieter vwo.com an.

Weitere Informationen zur aktuellen Conversion-Rate der Website und weiteren Hypothesen können leider nicht preisgegeben werden. Wir bitten um Ihr Verständnis.

Controlling

Für das Tracking der gesteckten Ziele werden die Tools Google Analytics und Google Tag Manager eingesetzt. Für die Leadgenerierung könnte Bäumer die Studie und Checkliste (siehe Spalte „Desire" in Abb. 3.6) durch das Eintragen der E-Mail-Adresse in ein Webformular verfügbar machen. Nach dem Ausfüllen und Absenden des Formulars wird der Interessent zu einer Danke-Seite weitergeleitet. Diese Danke-Seite erhält eine separate URL, die in Google Analytics als Ziel angegeben wird.

Gleichfalls wird beim Absenden einer Bewerbung über den entsprechenden Prozess (https://www.baeumer.com/de/unternehmen/karriere/initiativbewerbung/) eine Danke-Seite aufgerufen, die als Ziel angegeben wird.

Die E-Mail-Klicks werden mithilfe des Clicktrackings von Google Tag Manager und Analytics erfasst bzw. als Ziel definiert.

Automatisierung

Das Unternehmen Bäumer könnte eine Automatisierung der Qualifizierung der Leads nutzen: Nachdem sich ein Interessent eine Checkliste heruntergeladen hat, erhält er diese automatisiert per E-Mail. Anschließend werden ihm in einem bestimmten Rhythmus weitere Informationen zugesandt:

- Nach zwei Tagen: Zusendung der Studie zur Automatisierung der Produktion
- Nach fünf Tagen: Zusendung von zwei Case Studies
- Nach zehn Tagen: Einladung zu einem kostenlosen Erstgespräch

Diesen Prozess könnte Bäumer mithilfe des Tools Evalanch umsetzen.

Darüber hinaus könnte das Tool Uptrends für die automatisierte Website-Überwachung für www.baeumer.com und die Wettbewerber eingesetzt werden. Außerdem könnte Bäumer mithilfe des Tools wiredminds.de die Website-Besucher tracken und die Unternehmensnamen bzw. Kontaktdaten erhalten. Die Bäumer-Vertriebsabteilung nutzt die Daten und spricht das jeweilige Unternehmen an.

3.3   Sensational Marketing GmbH

In dem dritten Beispiel möchte ich Ihnen den Einsatz des Cockpits für das Bewerbermarketing aufzeigen. Dies geschieht anhand meiner Online-Marketing-Agentur Sensational Marketing (Abb. 3.7). Die Agentur habe ich 2010 in meinem Kinderzimmer gegründet und habe sie seitdem zu einem angesehenen Unternehmen groß gemacht. Die Zielgruppe sind mittelständische Unternehmen, die wir sowohl strategisch als auch operativ mit all unserer Leidenschaft unterstützen.

Positionierung

In meiner Agentur steckt selbstverständlich viel von meiner Persönlichkeit. Ich bin ein absoluter Familienmensch und habe in meinem Unternehmen die Werte einer Familie etabliert. Bei uns wird mittags gemeinsam gekocht, die Kinder meiner Mitarbeiter sind immer herzlich willkommen und an Weihnachten machen wir es uns mit unseren Familien in der Agentur gemütlich. Diese Werte sind das Fundament von Sensational Marketing.

Darüber hinaus positionieren wir uns als eine ehrgeizige Agentur. Das Unternehmen kann nur durch eine erfolgreiche Arbeit weiter wachsen, was wiederum

Positionierung	Zielgruppe	Ziele	Kanäle / Instrumente
• Familie • Lerne von den Besten • Weihnachtsfest mit Familie • SEO-Zertifizierung • Gründungsstory „Kinderzimmer"	• Peter, SEO-Trainee • 26 Jahre • Düsseldorf • Ehrgeiz, Verlässlichkeit, Qualität	• 1 SEO-Trainee, 2018 • 60 Bewerber, 2018	• SEO • Google Ads • Uni Düsseldorf Portal • Indeed • Facebook • YouTube

Content	Conversion-Optimierung	Controlling	Automatisierung
• Erklärvideos • Über-uns-Video • Zertifizierung zeigen • Bücher-Probekapitel	• Vertrauensbildende Logos auf Stellenangebots-seite einbinden	• Google Analytics – Mail-Klick • Overheat Videoaufzeichnung	• Klick Tipp

Abb. 3.7 Online-Marketing-Cockpit für die Sensational Marketing GmbH

viel Fleiß und Wissen erfordert. Dieses Wissen wird durch externe und interne Weiterbildungsmaßnahmen kultiviert. Die Mitarbeiter dürfen stets an meinen Seminaren teilnehmen und erhalten dafür auch Zertifikate. Das Besondere: Für die Weiterbildung dürfen die Mitarbeiter 20 % ihrer Arbeitszeit nutzen.

Zielgruppe

Für dieses Cockpit nehmen wir als Beispiel, dass Sensational Marketing einen Trainee für den Bereich Suchmaschinenoptimierung (SEO) anwerben möchte. Als Persona haben wir Peter gewählt. Peter ist 26 Jahre alt, kommt aus Düsseldorf und wird in der Limbic Map® rechts unten positioniert. Meine Agentur befindet sich in Leverkusen, gut gelegen zwischen Köln und Düsseldorf. In Köln sitzen allerdings viele Agenturen, sodass dort der Konkurrenzgrad höher ist. Effizienter ist es für uns, in Düsseldorf aktiver zu werben. Deshalb haben wir Peter als Düsseldorfer definiert.

Ziele

Der Anspruch von Sensational Marketing ist es – wie vermutlich auch in Ihrem Unternehmen – nur die besten Bewerber aufzunehmen. Wir erhalten wöchentlich zahlreiche Bewerbungen, bei denen wir besonderen Wert auf das Zwischenmenschliche legen. Erfahrungsgemäß benötigen wir ca. 60 Bewerber, um die Stelle eines Trainees zu besetzen.

Kanäle und Instrumente

In Google gehen für die Keywords „SEO Trainee" und „Online Marketing Trainee" in der Umgebung von Düsseldorf jeweils lediglich zehn Suchanfragen pro Monat ein. Dies bedeutet ein geringes Potenzial, sodass SEO und SEA nicht die höchste Priorität darstellen sollten. Dennoch wird nach den Begriffen gesucht. Der Aufwand, auf diese Keywords zusätzlich zu optimieren, ist überschaubar, da ohnehin SEO und SEA betrieben wird. Deshalb nehmen wir diese Maßnahmen mit auf.

Studenten der Universität Düsseldorf sind besonders interessant, da die Persona dort studiert. Das Jobportal der Universität ist unter der URL stellenwerk-duesseldorf.de erreichbar, auf dem Unternehmen die Möglichkeit haben, gegen Bezahlung zu inserieren. Diese Möglichkeit sollte wahrgenommen werden.

In den Google-Suchergebnissen des Keywords „SEO Trainee" erscheint Indeed.com sehr präsent weit oben. Dadurch kann suggeriert werden, dass die Persona auch dort nach potenziellen Stellenangeboten sucht. Auf Indeed können Stellenangebote kostenlos eingepflegt, aber auch durch eine kostenpflichtige Anzeige beworben werden.

Mithilfe des Tools https://www.facebook.com/ads/audience_insights konnten
10.000 bis 15.000 Personen identifiziert werden, die folgende Merkmale auf-
weisen: Sie leben in Düsseldorf, sind zwischen 24 und 30 Jahre alt, haben einen
Hochschulabschluss und sind interessiert an Marketing. Das stellt eine interessante Anzahl an potenziellen Bewerbern dar und sollte entsprechend ins Cockpit
aufgenommen werden.

Auf YouTube surft die Zielgruppe laut der Abb. 2.14 (Nutzung von Social-
Media-Portalen nach Altersgruppen) regelmäßig. Aufgrund von Interviews mit
Bewerbern konnten wir bereits herausfinden, dass die Persona sich in YouTube
im Bereich SEO weiterbildet. Daher sollten SEO-Erklärvideos produziert werden, die das Fachwissen von mir und meiner Agentur der Persona aufzeigen. Das
deckt sich mit der Positionierung „lerne von den Besten". Mithilfe der Videos soll
die Persona einen Eindruck davon erhalten.

Content

Wie bereits erwähnt, sollen für YouTube Erklärvideos zum Thema SEO produziert werden, um Persona Peter so das Fachwissen der Agentur aufzuzeigen. Darüber hinaus sollte ein Imagevideo über unsere Agentur erstellt werden, um die
Positionierung „wir sind eine Familie" zu verdeutlichen.

Auf der Stellenangebotsseite sollte nicht nur erwähnt werden, dass der
SEO-Trainee ein Zertifikat für den Besuch eines SEO-Seminars bei mir erhält.
Dieser Aspekt erhält eine größere Beachtung, wenn dies durch ein Bild mit
einem echten Zertifikat gezeigt wird. Auf der gleichen Stellenangebotsseite soll
die Persona auch die Möglichkeit erhalten, die Probekapitel der Bücher von mir
herunterzuladen. Dadurch soll die Persona Lust erhalten, von mir und meinen
Mitarbeitern viel zu lernen.

Conversion-Optimierung

Damit Peter mehr Vertrauen zu unserer Agentur gewinnt, werden vertrauens-
bildende Logos auf der Stellenangebotsseite eingepflegt. Dazu gehören das Logo
des Arbeitgeber-Bewertungsportals Kununu und die Auszeichnungen als Google
Partner und Top-100-SEO-Agentur Deutschlands.

Controlling

Am Ende der Stellenangebotsseite ist ein „Call to Action" platziert: Bewirb
dich bei uns. Neben der Anschrift findet die Persona dort auch eine anklick-
bare E-Mail-Adresse. Mithilfe des Google Tag Managers und Google Analytics
ist überprüfbar, wie viele Besucher auf diesen Link klicken. Außerdem möchten
wir die Mausbewegungen der Besucher analysieren, also welche Textpassagen

gelesen, welche Elemente wahrgenommen werden und welche nicht. Die Analyse soll mithilfe des Tools overheat.de durchgeführt werden.

Automatisierung
In meiner Agentur gehen monatlich dutzende Bewerbungen ein. Der Aufwand, diese einzeln zu prüfen, ist immens. Dennoch ist es für die Weiterentwicklung meines Unternehmens sehr wichtig, diese zu sichten und zu bewerten. Gleichzeitig erwarten die Bewerber schnellstmöglich eine Rückmeldung – in der heutigen Zeit teilweise schon nach wenigen Tagen, besser noch innerhalb von 24 Stunden. Diesen Anspruch habe ich und kann ich nur durch eine Automatisierung bewerkstelligen. Die Automatisierung erfolgt durch die E-Mail-Marketingsoftware Klick Tipp, worin wir den Bewerberprozess abgebildet haben: Sobald eine Bewerbung eingeht, erhält der Bewerber eine Bestätigung und eine Double-Opt-in-E-Mail von Klick Tipp. Sobald diese bestätigt wurde, bewerte ich den Bewerber: interessant oder nicht? Sollte der Bewerber interessant sein, erhält er automatisiert einen Fragebogen zugesendet. Sollte er nicht interessant sein, erhält er eine Absage. Der Prozess geht über mehrere Stufen, jeweils automatisiert. So erhalten die Bewerber sehr schnell eine Rückmeldung und unserem Unternehmen spart dieses Vorgehen viel Zeit.

Literatur

Tiplady, L. (2018). *Wie Superdry mit Hilfe von YouTube seine Fans zu Kunden machte.* https://www.thinkwithgoogle.com/intl/de-de/marketingkanaele/youtube/wie-superdry-mit-hilfe-von-youtube-seine-fans-zu-kunden-machte/. Zugegriffen: 23. Aug. 2018.

Führen Sie Ihr Unternehmen mit dem Cockpit zum Erfolg

4

Sobald Sie Ihr Online-Marketing-Cockpit ausgefüllt haben, können Sie mit Ihrem Unternehmen abheben. Eine Strategie zu haben, ist essenziell für Ihren Erfolg. Doch es ist auch nur ein Anfang. Auf Ihrem weiteren Weg werden stressige Zeiten kommen, die Sie von Ihrem Weg abbringen können. Doch ich möchte Sie ermutigen, Ihren Weg insbesondere in diesen Zeiten konsequent fortzuführen. Das Cockpit soll Ihnen in allen Lagen Halt geben. Dafür muss es Ihnen jedoch stetig präsent sein! Nutzen Sie ein Whiteboard oder etwas Ähnliches, um Ihr Cockpit stets im Blick zu halten.

Der nächste Schritt wird die Umsetzung der Online-Marketing-Strategie sein. Diese kann intern oder extern erfolgen. Falls Sie noch kein Team für Ihr Online-Marketing haben, bauen Sie es sich auf. Bauen Sie auf Experten, die Ihre Strategie in die Praxis umsetzen. Vermutlich werden Sie unter anderem folgende Experten benötigen:

- Texter
- Conversion-Optimierer
- Webdesigner
- Experten für Ihre Kanäle bzw. Instrumente (wie SEO, Facebook etc.)
- Web-Analyst
- Website-Pfleger
- Programmierer
- Fotograf
- Videograf
- Berater

© Springer Fachmedien Wiesbaden GmbH, ein Teil von Springer Nature 2019
B. Sens, *Das Online-Marketing-Cockpit,*
https://doi.org/10.1007/978-3-658-23615-1_4

Ein solches Team kann schnell groß werden. Wenn es jede Kleinigkeit mit Ihnen abstimmen muss, wird das Projekt schnell träge und Sie werden den Anschluss verlieren. Das Online-Marketing und potenziell auch Ihre Wettbewerber sind dynamisch. Diese Dynamik muss auch in Ihr Projekt einfließen. Sie dürfen nicht der Flaschenhals sein. Was es braucht, ist ein neuer Weg im Projektmanagement. Ein neuer Weg, der jedoch auch schon seit Längerem bekannt ist: agiles Projektmanagement. Vielleicht nutzen Sie es auch schon in Ihrem Unternehmen. Falls nicht, empfehle ich Ihnen dringendst, Scrum oder ein ähnliches Modell zu nutzen. Schaffen Sie insbesondere im Online-Marketing einen neuen Prozess, der im Scrum-Modell essenziell ist (vgl. Schwaber und Sutherland 2016):

- **Transparenz:** Fortschritt und Hindernisse eines Projektes werden regelmäßig und für alle sichtbar festgehalten.
- **Überprüfung:** In regelmäßigen Abständen werden Produktfunktionalitäten geliefert und sowohl das Produkt als auch das Vorgehen beurteilt.
- **Anpassung:** Anforderungen an das Produkt, Pläne und Vorgehen werden nicht ein für alle Mal festgelegt, sondern kontinuierlich und detailliert angepasst. Scrum reduziert die Komplexität der Aufgabe nicht, strukturiert sie aber in kleinere und weniger komplexe Bestandteile, die Inkremente.

Diesen Prozess durchlaufen Sie ständig – in einem möglichst hohen Tempo. Geben Sie auch neuen Ideen, Kanälen oder Prozessen eine Chance, testen Sie diese erst, bevor Sie lange überlegen oder sie verhindern. Sicherlich ist das leicht daher geschrieben, doch aus meiner eigenen Agenturpraxis kann ich Ihnen berichten: Wenn ein Abstimmungsprozess über mehrere Wochen oder sogar Monate dauert, sind manche Trends bereits vergangen. Im Online-Marketing entstehen innerhalb von Stunden neue Chancen. Diese gilt es zu ergreifen.

Kenntnisse im Online-Marketing

„Als Kunde muss ich so gerüstet sein, dass ich selbst auch konzeptionell beurteilen kann, welchen Mehrwert mir die jeweiligen Sparringspartner bieten. Die konzeptionelle Lufthoheit muss stets im eigenen Unternehmen liegen", so Professor Dr. Ralf E. Strauß, Präsident des Deutschen Marketing Verbands (DMV) in seinem Interview mit HORIZONT (Müller 2017). Für Sie ist wichtig, dass Sie die Leistung Ihrer internen und externen Experten strategisch beurteilen können. Das muss nicht im Detail geschehen, die Grundzüge jedoch schon. Sie sind letztlich für die Erfolge verantwortlich. Sich nur auf die Experten zu verlassen, wäre fahrlässig. Sie müssen die Richtung vorgeben, Projekte anleiten und die erbrachte Leistung unter Berücksichtigung der gesteckten Ziele überprüfen.

Meiner Ansicht nach ist die Weiterbildung im Online-Marketing sowohl für Anfänger als auch Experten extrem wichtig. In meiner Agentur Sensational Marketing haben wir die Philosophie von Google adaptiert: 20 % der Arbeitszeit sollten der Weiterbildung gelten. Das bringt unsere Leistung stetig nach vorn und hält alle Beteiligten auf dem aktuellen Stand. Im Online-Marketing gibt es täglich Neuigkeiten, neue Tools usw. Nur wenn wir uns kontinuierlich verbessern, können wir der Konkurrenz einen Schritt voraus sein. Jeder muss für sich herausfinden, wie er am besten Informationen aufnimmt: Podcasts, LinkedIn-Learning-Videos, YouTube-Videos, Bücher, Blogs, Hörbücher, Zeitschriften, Seminare oder Webinare.

Zuletzt gilt es, das Gelernte in die Tat umzusetzen. Es hilft niemanden, nur zu lesen oder Videos anzuschauen. Daher ist der erste Schritt der wichtigste. Gehen Sie nun Ihren ersten Schritt und bringen Sie das Online-Marketing-Cockpit in Ihr Unternehmen ein.

Ich wünsche Ihnen von Herzen viel Erfolg!

Weiterführende Literatur
- Gürtler, J., Meyer, J. (2013). *30 Minuten Design Thinking*. Offenbach: Gabal.
- Hofert, S. (2018). *Agiler führen. Einfache Maßnahmen für bessere Teamarbeit, mehr Leistung und höhere Kreativität*. Wiesbaden: Springer Gabler.
- Lewrick, M. Link, P. Leifer, L. (2018). *Das Design Thinking Playbook: Mit traditionellen, aktuellen und zukünftigen Erfolgsfaktoren*. München: Vahlen.
- Maximini, D. (2018). *Scrum – Einführung in die Unternehmenspraxis. Von starren Strukturen zu agilen Kulturen*. Wiesbaden: Springer Gabler.

Literatur

Müller. F. (2017). „Wir sollten aufhören, herumzujammern". *Horizont, 23*. November 2017. https://www.horizont.net/marketing/nachrichten/DMV-Praesident-Ralf-Strauss-im-Interview-Wir-sollten-aufhoeren-herumzujammern-162829. Zugegriffen: 21. Aug. 2018.
Schwaber, K., & Sutherland, J. (2016). *Der Scrum Guide*. https://www.scrumguides.org/docs/scrumguide/v2016/2016-Scrum-Guide-German.pdf. Zugegriffen: 22. Aug. 2018.

Erratum zu: Das Online-Marketing-Cockpit in der Praxis

Erratum zu:
Kapitel 3 in: B. Sens, *Das Online-Marketing-Cockpit,*
https://doi.org/10.1007/978-3-658-23615-1_3

Trotz sorgfältiger Erstellung unserer Bücher lassen sich Fehler nicht vermeiden, daher weisen wir auf Folgendes hin:

Die Originalversion des Kapitels wurde revidiert. Abbildung 3.1 wurde ausgetauscht. Hier finden Sie die korrekte Abbildung 3.1.

Die korrigierte Version des Kapitels ist verfügbar unter
https://doi.org/10.1007/978-3-658-23615-1_3

© Springer Fachmedien Wiesbaden GmbH, ein Teil von Springer Nature 2019   E1
B. Sens, *Das Online-Marketing-Cockpit,*
https://doi.org/10.1007/978-3-658-23615-1_5

Positionierung	Zielgruppe	Ziele	Kanäle / Instrumente
• Meister-Reparaturservice • Stoffproduzent (fair trade und exklusiv) • 5 Filialen • Erfahrung + Tradition	• Petra, 35 Jahre, Einsteigerin, Stimulanz • Claudia, 60 Jahre, erfahren, Balance • Timo, 40 Jahre, Einsteiger, Balance	• Marktführer für Nähmaschinen in NRW, 2010 • 250 % mehr Umsatz (gesamt), 2019 • 150 % mehr Online-Umsatz, 2019	• SEO • Facebook • Pinterest • Content-Marketing • Idealo • YouTube • Instagram • Google Ads

Content	Conversion-Optimierung	Controlling	Automatisierung
• Nähbeispiele, Gewinnspiele • Blogposts • Videos • Online-Kaufberater • Über uns-Seite • Wartungstipps	• Conversion-Cycle weiter anwenden • Hypothesen: TÜV-Siegel, Banner, Amazon Pay, Findologic, emotionale Produktbilder	• Google Analytics – eCommerce Tracking • Prüfung: Multi-Channel-Tracking • Overheat Videoaufzeichnung	• Entscheidung: kleinere all-in-Lösung oder Speziallösung • Uptrends

Abb. 3.1 Online-Marketing-Cockpit der Nähszene | TURM-Stoffe GmbH

Printed in the United States
By Bookmasters

Take the Journey:
21 Days of Devotional Study & Prayer

A Journey to Draw Closer to God in Prayer

JACQUELYN DAVIS

WESTBOW
PRESS®
A DIVISION OF THOMAS NELSON
& ZONDERVAN

NIV:
THE HOLY BIBLE, NEW INTERNATIONAL VERSION®, NIV® Copyright © 1973, 1978, 1984, 2011 by Biblica, Inc.® Used by permission. All rights reserved worldwide.

KJV:
Scripture taken from the King James Version of the Bible.

NLT:
Scripture quotations marked (NLT) are taken from the Holy Bible, New Living Translation, copyright © 1996, 2004, 2007 by Tyndale House Foundation. Used by permission of Tyndale House Publishers, Inc., Carol Stream, Illinois 60188. All rights reserved.

WestBow Press books may be ordered through booksellers or by contacting:

WestBow Press
A Division of Thomas Nelson & Zondervan
1663 Liberty Drive
Bloomington, IN 47403
www.westbowpress.com
1 (866) 928-1240

ISBN: 978-1-9736-5549-7 (sc)
ISBN: 978-1-9736-5548-0 (e)

Print information available on the last page.

WestBow Press rev. date: 03/21/2019

DEDICATION

I would like to dedicate this book to my Spiritual Mother, Evangelist Mamie Leonard, who has transitioned from this life and is with the Lord now. Evangelist Mamie Leonard taught me the principles and then led me by her daily example, the importance of loving God, making Him your priority and the necessity of having a daily consistent prayer life. Mother's love for prayer and her excitement to seek God intrigued me as a young woman.

Her dedication to Intercession and her desire to corporately and intentionally set time aside to fast and pray with all that would attend her prayer meetings for over 30 years was astonishing! I will forever be grateful for all the late-night teachings, the early morning prayers, the monthly shut-ins, and the enormous amount of patience she had with me as I developed into the travailing Intercessor that she knew even before I did, that God had called me to be.

Thank you, Mother, for loving me as though I were your own daughter. You will always be in my heart and you will never be forgotten.

(Evangelist Mamie Leonard is the Author of "Shut-In and Win", Available on Amazon.com)

CONTENTS

ABOUT THE AUTHOR

Jacquelyn Davis is humbled by the fact that God has chosen to use her as a vessel for His glory to declare His saving power on home and foreign land.

Evangelist Davis is a member of the Mount Sinai Church of God in Christ in Pomona, California where she serves under the leadership of Bishop Terence Rhone, Senior Pastor. She serves as the president of the Missions department, Prayer Team, and Shut-In Leader.

Evangelist Davis is a Registered Nurse and uses her skills and years of experience to administer healthcare and teaching in the Mission field.

Evangelist Davis is the founder of the, "I Just Want God Prayer Ministry." She passionately believes in the power of prayer and over the years, she has seen countless miracles and many answered prayers.

As she continues working for God, her request daily is, "souls for her labor." She continues to stand on the fact today, as she did 34 years ago, that "falling in love with Jesus is the best thing she has ever done."

FOREWORD

The Scripture is replete with God's urgent cry for His people to pray. In the Old Testament, 2 Chronicles 7:14, KJV, God's voice echoed throughout the land when He declared, "If my people, which are called by my name, shall humble themselves, and pray, and seek my face, and turn from their wicked ways; then will I hear from heaven, and will forgive their sin, and will heal their land." Then, in the New Testament, believers are admonished to "Pray without ceasing." 1 Thessalonians 5:17, KJV Furthermore, Jesus Christ used the parable of the unjust judge in Luke 18:1, KJV, to make clear that "men ought always to pray, and not to faint." Yet, countless Christians, ensnared by "the cares of this world, the deceitfulness of riches, and the lusts of other things entering in", seldom make time to seek God's face, as they should. Hence, babes in Christ often experience frustration in prayer, because they, "didn't feel anything," or because they failed to see their prayers answered within the time frame desired.

Thus, one must learn the art of persistency in prayer. Learning the power of this persistency is imperative, for it is in prayer that every care is cast on the Master. It is in prayer where all anxieties are calmed by the master's touch. It is in prayer where one communes with our Lord. It is in prayer where seekers experience fullness of joy and pleasures at the Father's right hand. It is in prayer where deliverance from habits, addictions, and bondage is found. Intercession and supplication are both lifted to the throne of grace during stints of persistent prayer.

Truly, International Evangelist Jacquelyn Davis has learned the necessity of prayer. Evangelist Davis has learned that life's battles are fought on one's knees in prayer. Not only is Evangelist Davis devoted to prayer, but also her love for prayer has become contagious both in her local church and throughout the world. Her twenty-one-day journey of prayer and devotion offers only a glimpse of her lifelong prayer trek and her heart's cry of "I Just Want God!" Prepare for new insight, inspiration, and revelation as you receive all that God has imparted unto Evangelist Jacquelyn Davis during her journey through prayer.

Dr. Terence P. Rhone

ENDORSEMENTS

"Take the Journey", is a must have for any person who desires to develop an effective prayer life that is rooted in the study of God's word. God has given Evangelist Jacquelyn Davis keen insight into how to draw near to him through the method of prayer. In this book the reader is sure to gain insight, inspiration and clear instructions for effective daily devotion. If Mom, Mother Mamie Leonard, were here she would be so blessed to see all that God has done in the life of her spiritual daughter and will do through this book!

-Mark Leonard – Senior Pastor, Greater Deliverance Church

Over several decades, Jackie Davis has led countless souls into a more meaningful and in-depth relationship with the Father. Take the Journey: 21 Days of Devotional Study and Prayer has placed that prescription on paper.

-Pastor Phillip and Lady Glory White-Regenerated Church

Down through the years I have encountered many strong prayer warriors. However, none have touched my heart and spirit like Jacquelyn Davis. Her clear perception and keen sensitivity to her assignment as an "intercessor" challenges my prayer life on a daily basis. She is true to the assignment of prayer. This devotional is without doubt, proof that Jacquelyn Davis has been in the presence of God.

-Pastor LaTanya Blake-Allen, Author, Power of Praise Faith Ministries Church- Senior Pastor

Evangelist Davis takes you on a path that challenges, changes and connects you to The Almighty God! What a Great Journey to take! A Must Read!

-Pastor Chris and Heather Bourne Bethlehem Church of Pasadena

"What a pleasure to witness this aspect of Evangelist Jacquelyn Davis' journey through this devotional. It captures the very essence of who she is a woman of devout prayer, fasting and an intense love of the word of God.

Evangelist Davis is one of the assistants of the Mamie Leonard Shut-in Ministry. I can hear Sis. Leonard fondly say, "that Jackie",has captured the very heart of God and I agree. To all, enjoy the experience.

-Dr. Lenonda Robinson, President Mamie Leonard Shut-in Ministry

"Take the Journey is a devotional book designed for those who truly and desperately want to surrender their total being (body, soul and spirit) to the will of God and Him residing as the chief master of their lives.

While reading various days I found myself saying, "Lord, your will be done in me, take control." Each day's topic is highlighted with scriptures that will illuminate your heart for a deeper connection with our Savior Jesus Christ. Thank you, Evangelist Davis, for being that vessel God can speak through to create a powerful resource to draw us closer to Him. I encourage you to, "TAKE THE JOURNEY!"

-Evangelist Gwendolyn Black-Amie RN, BSN, M.DIV, Lancaster, California

I Just Want God

Devotional Readings: Psalms 84:2; 107:9,
90:2 Jeremiah 29:13; Matthew 5:6

> *"My soul longeth; yea even fainteth for the
> courts of the Lord: my heart and my flesh crieth
> out for the living God." (Psalm 84:2, KJV)*

> *"For he satisfieth the longing soul, and filleth
> the hungry soul with goodness." (Psalm
> 107:9, KJV)*

In Psalm 84:2, KJV, the sons of Korah are expressing their
desperation for God. They're saying, "My heart yearns for God's
presence and everything inside of them is crying out for the
Almighty and All-Powerful God. God desires us to be at a place
where we want him more than anything else. Where we understand
He is the only one we need, He is the one that completely loves
us, He is the one that says, "I Am He," I am everything that you

need, and I am more than enough! "He desires for us to yearn for Him and long for Him above everything and everyone else.

When your soul is longing to be in God's presence and to have an encounter with Him nothing else will satisfy you until you experience His glory. Experiencing the glory of God can be achieved through seeking God daily and consistently through prayer and communing with Him, and then waiting...waiting for Him to respond as you bask in His glory and His presence.

It is during this time when I wait and listen that God gives me instructions, insight, revelations, and clarity. Each time I discipline myself to sit still and wait quietly; I have an extraordinary experience with God! There is a definite place in God where every longing will be satisfied and the need for Him will be fulfilled; however, you must desperately and unashamedly seek and search after God. You must chase after Him and Him alone in prayer.

"You will find Him, but you must search for Him with all your heart!" (Jeremiah 29:13, NIV)

To understand God more and receive the more profound things that He desires to reveal to us we must spend time with Him. We must come before Him as an empty vessel and ask Him to "fill us up!" He's able to fill us up, but there is an act on our part that we must do.

We must confess and understand that we must wait patiently and expectantly on God. We must prepare to set time aside for our Lord, a time where we can cry out to the only true and living God who can hear and answer us in His perfect time. We must wait on the God who can do, "exceeding abundantly above all that we can ask or think, according to the power that worketh in us." (Ephesians 3:20, KJV)

When we position ourselves to wait, we are saying: I want to know you God; the God that declares, "Before the mountains were brought forth, or ever thou hadst formed the earth and the world, even from everlasting to everlasting, thou art God." (Psalm 90:2, KJV)

We must seek and search for God; set Him as our priority. Our resolve must be, "I Just Want God!"

Let's Pray: Father we thank you, and we give you all the glory and honor that is due to your name! We love you Lord, and we ask that you reveal yourself to us, as we desire to know you more. God your word declares, "Only You can satisfy the longing in our souls." (Psalm 107:9, KJV) Lord, satisfy our mouths with good things, reveal to us the more of who you are, take us to that secret place in you where mysteries are revealed. Consume us with your presence and your glory. Lord we patiently wait for you, we expectantly wait for you, and we confidently expect you. Thank you, Lord, for an increased revelation of who you are that helps us to love and serve you better and become wise and effective witnesses for you. In Jesus name, we pray, Amen.

"We are desperately and unashamedly seeking God through prayer."

DAY TWO

Let's Talk About God

Devotional Readings: 1 Chronicles 29:10-14; Psalms 89:6-13; Daniel 2:19-23

> *"Every word of God is flawless; he is a shield to those who take refuge in him." (Proverbs 30:5, NIV)*

Today let's talk about God! Let's talk about Him so much until we are stirred in our spirit to enter prayer with fervor and a desire to desperately find out more about who He is.

God is everything that we need, and He is more than enough. God is El Shaddai. He is self-sufficient, and He gives us all things. He is the source of all blessings. Everything we will need and presently have is from God.

God is giving, and He gives to us generously, so we might be generous givers as well. We should remember Gods promise that He gives, "seed to the sower." (2 Corinthians 9:10, KJV) We present our bodies unto God as a living sacrifice; (Romans 12:1, KJV), however, if He does not breathe into our bodies, we have nothing to present to Him. He gives to us so that we can give back to Him. God is Self-Sufficient!

God is Elohim; our creator, everything is made by Him. *All things were made by him, and without him was not anything made that was made (John 1:3, KJV)*

God is Jehovah M'Kaddesh; the God who sanctifies us. He is a holy God, that is the very essence of His character, and He commands us to be holy and to be sanctified and set apart from all that is unrighteous so that we may be used for His honor and His glory in all the earth.

God is holy and supremely and utterly untainted. His holiness stands apart. His holiness is incomprehensible!

God is Jehovah Nissi; He is our banner!

He covers and directs us from victory to victory and from strength to strength

God is Jehovah Tsidkenu; He is our righteousness.

God is El-Elyon; the Most High God.

He is the great I Am. God told Moses to tell the children of Israel, *"I AM THAT I AM have sent you to them." (Exodus 3:14, NIV)*

He is absolutely God!

God is immutable. All that God is He has always been, all that He has been, He will forever be! He is unchangeable; *"For I am the Lord, I change not;"(Malachi 3:6, KJV)*

God is Adonai; He is our master and Lord. He reigns over our lives; there is nobody greater than our God, and we praise and magnify Him now and forever more!

Let's Pray:

Lord, you are a mighty God, a wonderful God an awesome God; nothing is impossible with you." We will glorify You, not because of what you do, but because of who You are. We cry out to you today because we desire your presence and we are aware of how much we need you.

We are seeking you this morning; we are your "God-seekers." We are seeking to know the more of you so that we can talk about You accurately so that we can tell others from a more intimate and knowledgeable perspective of who You are. Lord, fill us with all boldness and courage to talk about You! Help us to speak about You in our worship, as we seek You, as we search for you! Reveal your mysteries to us and take us to that secret place that's only found in You. We will forever give your name praise. We will forever exalt your name in all the earth. It is in the matchless and mighty name of Jesus that we pray, Amen and Amen! Remember on today and every day, "Let's Talk about Him."

"We are God seekers."

DAY THREE

I Surrender

Devotional Readings: Jeremiah 18:1-12;
Isaiah 45:9

"Does the clay say to the potter, "What are you making?" Does your work say,

"The potter has no hands?" (Isaiah 45:9b, NIV)

When we surrender to God, we place our lives entirely in His hands. To surrender means to yield something; to give in; to give up and to concede. That is what we are doing when we say, "Lord, I surrender." We are surrendering everything about us. We are surrendering our will, our way, our thoughts, our personal agendas and plans to Him. We are exchanging are wills for God's higher purpose and plan for our life.

In the process of surrendering to God, we are going to have to submit to the painful necessity of being remade and reshaped into the vessel that He has ordained for us to be.

It will at times feel very uncomfortable when we are being conformed into the very image of His Son, but our confession remains, "Lord, I surrender, Lord, I submit to the process, when it's painful when it's uncomfortable when everything is turned upside down. When I feel like the bottom has fallen from under me and my back is against the wall, my cry is, "Lord, I surrender!"

On the mountaintop or in the valley, I boldly and willingly cry out to you and say, "Father, you are the potter, and I am the clay, mold me, make me, shape me, transform me, conform me, refine me, Lord, until You are pleased with what you see.

I surrender everything, and I yield my life completely over to You. My life is in Your hands.

Let's Pray: O' Mighty and powerful God, I come to you today, giving you all the glory, honor and praise that is due to your name! I reverence and honor Your Presence right now!

I acknowledge and confess that You are King of Kings and Lord of Lords and you rule and reign over all the earth. I ask you, Lord, to have your way in my life, do as you please; I surrender my life to you! I submit my mind, my heart, and my will to you. I belong to you. I am yours. I confess, not my will but your will be done in my life. Thank you, Lord, for being a kind God, a loving God, and a wonderful God. I trust your plan, and I surrender to your will.

Thank you; Lord, for calling me Your Masterpiece. In Jesus' name, I pray, Amen!

> *"Mold me, make me, shape me, transform me, conform me, refine me, Lord, until You are pleased with what you see."*

DAY FOUR

God Is Good

Devotional Reading: Psalm 34:8, 73:1,
100:5, 106:1

> *"Oh, give thanks unto the Lord for He is good."*
> *For His mercy endureth forever!" (Psalm*
> *100:5, KJV)*

To say that God is good just doesn't seem adequate. It sounds like an understatement. But the fact remains that He is good. He is a good, good God! That's one of the many reasons why we love Him so much and trust Him endlessly.

When you begin thinking of how good He has been to you and all He's done for you, how he's kept you and taken care of you. How he saved your soul, healed your body and touched your mind when you think of the goodness of the Lord and all He has done for you, the song says, "your soul will cry out Hallelujah" for all He has done for you!

When you just start saying, "God is good," you will start saying, "God is great, God is powerful, and God is Mighty." You will start thinking about how He is perfect in all His ways. The more we think about His goodness we will start saying, thank you. One day I chose to experience the goodness of God and His goodness has made me truly grateful. I can assuredly say that, "God is good."

Thank you that forever You will be a good God, thank you for your goodness that is evident in our life. Thank you for being a redeeming God, a loving God, and a caring God! Thank you for never leaving us or forsaking us, thank you for bringing us out of the darkness and into this marvelous light. Thank you for everything and all that you are!

The more you think about how good God is, the more you will thank Him!

Let's Pray: Lord we thank you for who you are. We praise you for your goodness and your mercy toward us. We bless your high and Holy name, and we worship you right now. We bless your name and we say thank you for being such a great and mighty God. Have your way in us and let your glory be revealed through us. Let us share with the world how good you are, how merciful you are and how loving you are. Help us to share with those that are not in a relationship with you about your forgiving power and your saving grace.

Help us to praise you for all your goodness towards us. We appreciate you Lord, and we desire to be like you, to respond like you and to love like you. We want to reflect your goodness in all the earth. So, Lord, we magnify you, and we thank you for being such a good, good, God! In Jesus' name, we pray, Amen!

"Thank you for everything and all that you are!"

Trusting God

Devotional Readings: Psalm 9:10, 20:7, 125:1, Proverbs 3:5-6

> *"They that trust in the Lord shall be as mount Zion, which cannot be removed, but abideth forever." (Psalm 125:1, KJV)*

When we say, Lord, I trust you, we are saying that we believe in Him and have faith in who He is and everything He has said and is presently speaking. We are saying we have complete confidence in our Lord.

We place our entire life and every decision that we must make in God's hands, and we trust His word for instructions as we travel through this life on earth. We seek to know God more, and in doing so, we are constantly reminded in the word of God that, "As we are seeking after God, we won't be forsaken." (Psalm 9:10, KJV) The word of the Lord declares, when you know who

I am and you put your trust in me, and my promises that I will never leave you or forsake you. You must know in whom and what you believe.

The importance of reading the Bible is essential because in it lies the information that you need to know Him more. In it lies the knowledge that you need to confirm and reinforce your decision to trust in God. Every time you read scripture, it builds your faith and fortifies your trust. So much so that your ability to see God as your source for everything, eventually becomes unmovable. Your reaction in the face of adversity and opposition is, "Lord, I trust You."

When you don't have time to say a long prayer, and tears are running down your face, you just say, "Lord, I trust you!" When we hear the news reports, you must say, Lord, I trust you! Why, because you have filled your mind with the life-changing word of God and it has transformed your thinking and more importantly your relationship with God. So, your confidence is elevated, and your response is empowered with knowledge, and you now say, "I know, according to your word that you will cover and protect me. You'll never leave me by myself, and You will supply all my needs.

Even on the mountaintop, when everything seems to be calm, I resolutely trust you. I don't care what comes up today, tomorrow or the next day, my confession remains that, Lord, I trust you, I trust Your word, and I trust your plan. God doesn't want anything to disturb our trust in Him; including the issues that are nearest and dearest to our hearts. In those sensitive areas, He wants us to trust Him and mature to a level of complete faith, and operate from a place, that what we see and hear does not affect our trust in Him.

This type of trust is developed and deepened when we seek to know our God more. When we cling to His promises and see ourselves as His children. When we understand His loves for us and His commitment to us. It is at that point that we can trust God beyond our sight.

It is at this point that we can compare ourselves to Mount Zion and declare for ourselves, that I will forever trust in the Lord and nothing will be able to move me out of this place.

"Some trust in chariots, and some in horses: but we will remember the name of the Lord our God." (Psalm 20:7, KJV)

Let's Pray: Father we come to you in the name of Jesus, and we praise you, we glorify you, we worship you, and we magnify you. We thank you for who you are. We confess how much we need the more of you and we ask you to reveal yourself to us. We come this morning because we desire to trust you completely and entirely in every area of our life. The part of our lives and the secret regions of our hearts that we are holding back from you, we surrender it today. God, you know what's best for us, and we boldly declare that we trust you. We cry out to you on this morning, and we ask you to draw us closer to you, increase our passion for you and invade our thoughts with your word! As we seek after your kingdom and your righteousness help us to rest securely in all your promises concerning our past, present, and future! Help us to be unmovable, unshakeable and steadfast warriors for you. Lord we trust you and you alone with all our hearts. We don't look to man, to riches, to accomplishments or to great achievements, but we look to You and only You! It is in the powerful name of Jesus that we pray, Amen.

> *"We don't look to man, to riches, to accomplishments.*
> *We look to God!"*

God is Your Strength

Devotional Reading: Psalm 105:4; 1
Samuel 2:2; Nehemiah 6:9-10; Isaiah 26:4

> *"Look to the Lord and his strength; seek his face*
> *always." (Psalm 105:4, NIV)*

We are instructed by God's word to seek Him for His strength.
It is through Him that our lives are sustained. We need God to
empower us to, carry us through this life and the rough times we
encounter. Whether it's in our secular jobs, our ministries or even
raising children; it all rests on the strength of God.

The strength of the Lord will make natural experiences
appear to be supernatural because His power exceeds what we can
imagine. We must recognize and give God glory as he strengthens
us and as we seek Him, He will provide us with the ability to not
only go through life's trials, but the strength to do His will.

1 Samuel 2:2, KJV says, "There is none holy as the LORD: for there is none beside thee: neither is there any rock like our God." The Lord is able to help us hold on, endure, and to sustain us even when we become weary. He is sure, steady and unshakeable. As you look to him for the strength, He will enable you to move forward in His might and power. Be encouraged and walk in the direction God is calling you to. He will strengthen your heart.

"They were all trying to frighten us, thinking, "Their hands will get too weak for the work, and it will not be completed." But I prayed, "Now strengthen my hands." (Nehemiah 6:9, NIV)

Nehemiah was a man commissioned to do a great work for God. He was busy doing what God had called him to do.

Throughout the process, Nehemiah was met with opposition and intimidation, but he remained focused and called on God for strength in trouble.

Many times, when we are working obediently, doing what the Lord wants us to do, the enemy will come in different forms and try to throw us off. Continually looking to God and seeking His face for direction is key to staying focused and not being sidetracked by the enemy. We must be walking close enough with the Lord, so we can recognize when our enemies are at work.

Once we recognize that the enemy is at work all we have to do is open our mouths as Nehemiah did and pray,

"God, strengthen me." Isaiah 26:4, KJV says, "Trust ye in the Lord forever: for in the Lord Jehovah is everlasting strength."

We cannot trust only the words of man, but we must believe in the Lord who is always right, always faithful and in whom is everlasting strength.

Trusting God to strengthen you means believing Him for the tenacity and the endurance to continue on even when you feel like giving up.

We must ask God to strengthen our heart, our hands and our resolve to continue trusting Him. Our strength will give up, run out and get tired. Operating in our power will make us walk away from the work because our strength is not enough.

As we pray for God's strength according to His word, He will honor it and give to us the power we need at that very hour to get the job done. Never forget that it is God who is the rock that won't fail, he will not leave us and will never disappoint us. If we trust God as our source of strength, we will never leave a job incomplete for God will strengthen our hands to complete the work. All that we do cannot be done without the power of the Lord.

Let's Pray: Lord, we thank you for your strength. We thank you for according to Psalm 46:1, KJV "you are our refuge and strength, you are our very present help in trouble. We praise you because we can come before your throne to be strengthened.

God, we appreciate your love and the ability given to call on you for every need, knowing that just one touch from you revives and renews us.

We praise you, Lord, because we know we can face any issue and problem because you are our strength. We thank you for being the God who honors His word, and as we pray your Word, we know that you hear us, answer us and help us.

We declare that the joy of the Lord is our strength and is able to sustain us even in times of grief, times of heartache and times of heartbreak. We declare that we shall not walk in fear or intimidation, but we will walk in the strength of the Lord. God, we pray for supernatural strength to stay in the fight, power to move forward, strength to do your will, strength to stand even when we are weary. We speak strength to our physical bodies, we speak strength to our inner man.

We thank you, Lord, for strengthening our commitment to the work you have called us to and increasing our hands to accomplish it. It is in Jesus name, we pray. Thank God. Amen.

"God is our refuge and strength."

DAY SEVEN

A Great King Seeking: The Great God

Devotional Readings:
2 Kings 18:5-7; 2 Kings 19:14-20, 35-37; 1
Chronicles 16:10; Isaiah 55:6-7;
1 John 5:14-15

> *"Now, LORD our God, deliver us from his*
> *hand, so that all the kingdoms of the earth*
> *may know that you alone, LORD, are God."*
> *(2 Kings 19:19, NIV)*

Hezekiah was a Great King that trusted God so much so that the Bible records that before him and after him, no other king trusted God more. Hezekiah followed God closely and adhered to all His commandments. (Isaiah 55:6-7, KJV) But Hezekiah was also a great man of prayer who understood that All-Power belongs to God. King Hezekiah was firm in his faith that God was his deliverer and in the face of imminent danger his first line of defense was to seek God in prayer for instructions, strength and for everything that he had need of.

Although this great king was troubled by the news he had received from his adversary, his confidence in his relationship with God was more significant than his fear. Since Hezekiah did what was right in God's eyes, he knew that he could access the help that he needed from the Lord. Hezekiah knew how to pray to get God's attention. He knew how to worship and exalt the name of God over his situation and circumstances.

Hezekiah declared who God is and what he could do until the threats, intimidations and the accusations of the enemy were diminished and silenced even in his own mind. Hezekiah's assurance in the fact that God hears, and answers prayer was what secured and settled him in his spirit.

This is how we must respond to every situation in life. We must go to God in faith believing that He hears us, and He will deliver us. This type of confidence is developed when you are consistently building your relationship with God through prayer, fasting and reading the Word of God.

Doing all you can do to draw closer to Him, to know Him more so that we can be fortified with the truth and knowledge of His Word and His will. In doing so, we will always be prepared for present battles and battles that are to come.

King Hezekiah was a "great king," but he knew that he served "The Great God!" Hezekiah knew that only God had the answer and the help that he needed. So, he humbled himself and revealed his desperate need for God to be his Shepherd, His Lord, and His King. In doing this Hezekiah secured his deliverance and the deliverance of the children of Israel.

As we continue seeking God in boldness and chasing after Him for the more and more of Him, we stand assured that He will show us His greatness and His power. He will take us into the deep places in Him where our rest and peace reside.

He will give us victory after victory as we trust Him for everything. He will grant us the very petitions that we have requested of Him in our prayers.

Seeking God through prayer is one of our most powerful weapons against the enemy. When you seek the face of God, and call upon His name, always seeking to do His will and testifying of His great power and mighty acts that He performs on your behalf, you will continually be successful.

Let's Pray: Glory to your name, Holy and Mighty God that you are! We come to you in the name of your precious Son, Jesus, exalting and magnifying you right now.

You are THE great and only wise God. You are mighty in battle, and all power is in your hands! You are a wonder-working God, you are a miracle working God, and we give you all the Glory.

We thank you for the opportunity to come before your presence today, and we seek your face, we seek for your instructions and for your will to be done in our lives. We ask you, Lord, that you draw us closer into a deeper and more intimate relationship with you. We cling to you O 'Lord, and we seek to grow and adhere to your Holy Word.

Reveal yourself through us today and deliver us from the plots, plans, and schemes of the enemy, so that all the kingdoms of the earth will know that you alone, LORD, are God. It is in the matchless name of Jesus, our Lord, and Savior, that we pray, Amen!

"Hezekiah knew how to pray to get Gods attention. He came declaring who God was and talking about His Greatness."

DAY EIGHT

God is Love

Devotional Reading: Matthew 22:36-40; 1 Corinthians 13:1-13; 1 John 4:7-21

"Whoever does not love does not know God, because God is love."

(1 John 4:8, KJV)

When we say, "I Just Want God" we are saying that we want all of Him. We are declaring that we want all that He is, all that He does and all that He requires of us. We are saying that we want to be just like Him, we want to represent Him on the earth. The attribute of God we want to focus on today is love. Not only does God love us but 1 John 4:8, KJV states that "God IS love."

God is concerned about our total wellbeing. From the beginning of time until now, God has consistently provided for his children's present and eternal needs.

Always securing our earthly provisions including the ability to abide in his presence, now and throughout all eternity. This has been done because God loves us! The Bible records in John 3:16, KJV this fact, "For God so loved the world, that he gave his only begotten Son, that whosoever believeth in him should not perish, but have everlasting life. God loves us so that He made provision by allowing His Only Son to die and pay the ransom for our sins so that not even death would be able to separate us from Him. That's how much He loves us!

God's love for us is immeasurable, unconditional and everlasting. His love for us is without partiality. He loves everyone, everywhere the same. He didn't just start loving us because we made a choice to serve Him, no, He loved us while we were in darkness, He loved us while we were fulfilling every evil desire of our flesh, He loved us even when we rejected Him. His love for us always existed! "But God demonstrates his own love for us in this: While we were still sinners, Christ died for us." (Romans 5:8, KJV)

As a matter of fact according to the word of God the reason why we love Him is that He first loved us. (1 John 4:19, NIV, "We love Him because He first loved us.")

The disciples asked Jesus a question, they said, "Teacher, which is the most important commandment in the Law of Moses? Jesus replied, "You must love the Lord your God with all your heart, all your soul, and all your mind." (Matthew 22:36-37, KJV)

Everything in us must love God, so much so that we desire Him more than anything else. God's desire for us is to love Him the way He loves us! To want Him the way He wants us. God wants us to know Him so that we can begin to understand the great depths of His love for us, so that we can then demonstrate His love for all humanity.

The God that declares Himself as "LOVE" is the God we seek after. He is the one who we yearn and crave for. This is the God we want to represent in the earth. Our desire must be to walk in love, talk in love, act and react in love. We must learn more about Him so that we can learn to love the way He loves and then demonstrate it by loving others. Doing so we will fulfill the second greatest commandment which is equally important, and that is that we; "Love our neighbor as yourself." (Matthew 22:39, NIV)

Let's Pray: Father we thank you today. We give you glory, honor, and praise. We bless you Lord and we say thank you for loving us, thank you for caring about us, thank you for your everlasting love, your enduring love, and your forgiving love. We thank you because you love us and you enable us to love one another. Lord, help us to be your agents on the earth to express your love to those who are lost, broken, addicted and oppressed. God, we ask, that you reveal yourself more and more to us, give us an increased profound revelation of your love so we can have the excellent opportunity to tell others of the vastness of your love for them. Father, reveal yourself to us so we can express to them how one love encounter with you will change the very course of their life. Lord, take us deeper into the part of You that declares, "You are Love!" Show us, Mighty God, this part of who You are so that we may have the power to understand, how wide, how long, how high, and how deep your love is for us according to your word in Ephesians 3:18, KJV. Thank you for our personal love encounters with YOU that radically and eternally changed our life. We glorify you now, and we will forever be grateful, in Jesus name we pray, Amen and Amen!

"Love does not keep a record of wrong."

God, We Need You

Devotional Reading: Isaiah 26:4; Isaiah 26:8-9; Psalm 73:1; 119:62; Acts 17:28

> *"In the night I search for you; in the morning I earnestly seek you." (Isaiah 26:9a, NLT)*

To acknowledge that we need something, or someone will cause us to be in pursuit of what we are stating that we need. When we say, "I need," it adds an increased level of urgency that will obtain the attention of the person hearing the request.

To say that we "need God" demonstrates our humanity and acknowledgment that we are totally dependent upon Him and that without Him in our lives we could not survive! Acts 17:28, NIV says, "For in him we live, and move, and have our being." In HIM, this reminder clearly states, "I am because He is!" He is God, He is King He is Savior of my soul! He is Master, and He is Lord! I cannot make it without Him. I-Need-Him!

Knowing this I position myself and make it my priority to seek and search to learn more about God. In the night I cry out to Him in prayer, upon rising in the morning I read and study His word that I might obtain more insight and understanding of the Great God that I serve.

Throughout the day my meditation is on all the amazing things He has deposited within my spirit. His love consumes my mind, and His provision of everything that I need intensifies my total dependency on Him. Bringing me to the joyous realization, not only do we want God, WE NEED GOD!

Let's Pray: Father we thank you today for being the Shepherd of our soul and the Master of our life. We thank you for supplying all our needs and being a constant guide and protector. Lord, we thank you that as we completely trust and rely entirely on you, we know you will never fail us. God, we come as your humble servants, and we open ourselves, completely to you. We cry out in prayer declaring our need for you to rule and reign in every area of our life. We give you complete access to our heart, every wound, every disappointment, and every past mistake.

God, we ask you to heal us and make us whole. We need you, Lord, more than anything else. We choose you, God, above everything and everyone! We are desperate for the more of you!

Fill us with the knowledge of your word, fill us with the power of your Holy Spirit, and fill us with the revelation of your will, for we are your offspring!

This morning we choose You, this morning we select your will over ours! We will continue seeking after you, fully understanding and confidently declaring that we are totally dependent upon you O' God! It is in Jesus name that we pray, thank God and Amen!

"Give us the More of You, God!"

DAY TEN

God is Faithful

Devotional Readings: Numbers 6:24-26 Numbers 23:19;
Deuteronomy 7:9;
Lamentations 3:21-23; 2 Timothy 2:13;
Hebrews 6:17-18

> *"This I recall to my mind, therefore have, I hope. It is of the Lord's mercies that we are not consumed because his compassions fail not. They are new every morning: great is thy faithfulness." (Lamentations 3:21-23, KJV)*

Everything God promised, concerning you, according to His word, will come to pass. His faithfulness to us is sure! He guarantees us that He cannot lie. The loyalty of God is pure; therefore, God will never fail, forsake or leave us.

Often, we have to recall how faithful God has been, and is to us.

We must remind ourselves that He is a covenant keeping God. Hebrews 6:17-18, KJV says, "Wherein God, willing more abundantly to shew unto the heirs of promise the immutability of his counsel, confirmed it by an oath: That by two immutable things, in which it was impossible for God to lie, we might have a strong consolation, who have fled for refuge to lay hold upon the hope set before us."

It is impossible for God to lie and He will fulfill all of His promises! When you recall your own personal testimonies, you will be reminded, that God is indeed faithful. Deuteronomy 7:9, KJV states, "Know therefore that the Lord thy God, he is God, the faithful God, which keepeth covenant and mercy with them that love him and keep his commandments to a thousand generations;"

No matter what you are facing or going through, know that God is faithful. When He brings you out, you won't smell like the fire that you went through, because God is faithful. You won't look like what you've experienced, because God is faithful. The storm that came into your life to consume and destroy you only made you wiser, stronger and better!

Why? Because, God Is FAITHFUL!

Whether you believe it or not, God has always been, and will forever be faithful! Even if we are unfaithful, God yet remains consistent in character. The scripture records, "If we are unfaithful, he remains faithful, for he cannot deny who he is."

(2 Timothy 2:13, NLT) Thank you, God!

Let's Pray: Lord we worship you, we bless you, we praise you, and we magnify you today. You are a kind, good, powerful, forgiving, loving, saving and faithful God! We thank you for your mercy and your grace. We thank you for your goodness towards us. We thank you for your consistent guidance; we thank you for being the shepherd of our soul. Thank you, Lord, for your daily provision, your protecting power, and your presence that we feel right now as we pray. Thank you for your faithfulness, God! Help us to be loyal to you, help us to remain fully committed to you and walk according to your Word. Help us, Lord, to be reliable and obedient servants. In Jesus' name, we pray, Amen and Amen!

> *"When you recall your own testimonies, you will be reminded, that God is indeed faithful."*

Sovereignty of God

Devotional Readings: Psalm 34:19; Daniel 6:10; Matthew 6:8-10;
1 Thessalonians 5:18

> *"In every thing give thanks: for this is the will of God in Christ Jesus concerning you."*
>
> *(1 Thessalonians 5:18, KJV)*

We can go through life relaxed in knowing that God is in control. He is, All-knowing, All-powerful and All-mighty. He is absolute, and he knows what's best for us. His plan is far greater than anything we can imagine. Our most complex problems arise when we choose our will over Gods perfect will for our lives.

Everyone has been given the ability to make their own choices for their life. It is our personal decision that we must make daily, to align our will with the will of God!

When the disciples asked Jesus how to pray, Jesus said, "After this manner, therefore, pray ye: Our Father which art in heaven, hallowed be thy name. Thy kingdom come. Thy will be done in earth, as it is in heaven." (Matthew 6:9-10, KJV)

When we pray from our heart in such a manner, we are submitting ourselves to the will of God. We are saying, "Lord have your way in me." When we are in that place, we can submit in every area of our life.

We can look at the life of Daniel, specifically, the sixth chapter of the book of Daniel. In this chapter, a royal decree was made that no one worship any god besides king Darius. The punishment for worshiping other gods was death.

The bible states, "now when Daniel knew that the writing was signed, he went into his house; and his windows being open in his chamber toward Jerusalem, he kneeled upon his knees three times a day, and prayed, and gave thanks before his God as he did aforetime." (Daniel 6:9, KJV)

Daniel still prayed. Daniel again went after God and gave thanks. Why? He knew God was sovereign. Daniel knew God was in control of his life. So, Daniel gave thanks. He had a, "No matter what," attitude that said, I trust my God because I know that he is in complete control. We have to know in whom we believe and what his word declares about us. When we find ourselves facing situations as Daniel did, we must always choose God's way.

Regardless of threats, potential loses or devastation we must obey him and trust him in all situations as we continually give him thanks. 1Thessalonians 5:18, KJV states, "In everything give thanks: for this is the will of God in Christ Jesus concerning you."

We give God thanks because we know He is in control. We thank Him for his mercy and his grace in all things. Psalm 34:19, KJV says, "Many are the afflictions of the righteous: but the Lord delivereth him out of them all." Even in our afflictions, we give God thanks. We thank God for chastisement, even if we do not understand; we know that it is working together for our good.

Although it may be painful and hurtful at the time, we boldly declare, Romans 8:28, KJV "And we know that all things work together for good to them that love God, to them who are the called according to his purpose."

Always understanding that God is in complete control. When you understand that God is in full control there is no panic, even when you are walking in new territory and being challenged in new places.

When your life is being threatened, will you still, "open your window", as Daniel did? When you are threatened will you keep praising Him? Will you keep praying and saying that God is Sovereign? In the worst of times will you still be able to say confidently to the sovereign God, "Thy Will be done."

Let's Pray: Lord, we thank you for being our sovereign God, the God who is all powerful, all knowing and present everywhere. We thank you for being the only true and living God. Lord, you reign and rule. You are the God above all other gods, and no one can compare to you. We magnify your holy name, for you are our creator, our provider, our keeper, and our Sustainer. We give you thanks because we know you O' God is in control.

We ask that you help us to align ourselves with your will. Help us God to trust in your sovereignty even when troubles and circumstances seem overwhelming. Help us to believe your word that reminds us that "Many are the afflictions of the righteous, but you Lord delivers us out of all of them. Help us to remember that we should trust you with all of our heart and not depend on our own understanding. We confess that you alone are God, you are King of Kings, Lord of Lords and you are our Father. We declare that because you are God, we can go through any problem with complete rest. We pray that no matter what comes, our hearts cry will forever be, "Thy will be done; I trust you, Lord." In Jesus name we pray, thank God. Amen and Amen.

"I submit to your Sovereignty, God."

DAY TWELVE

Order My Steps

Devotional Reading: Proverbs 3:6; Psalm 32:8; Psalm 119:105; Psalm 119:133

> *"Order my steps in thy word: and let not iniquity have dominion over me." (Psalm 119:133, KJV)*

Often times in life we will face situations and have to make decisions, and we really don't know what to do, or which way to go. We don't know what to say, how to live, or what to give, but thanks be to the God that we serve and submit too. He is a leader and a guide! He is the God that instructs us to acknowledge Him as Savior and Lord over our lives, and He then promises us that He will give us the instructions and direction that we so desperately need to navigate through life on earth. Proverbs 3:6, KJV reads, "In all thy ways acknowledge Him, and he shall direct your paths."

When we ask God to order our steps, we are welcoming the Holy Spirit to lead and guide us into all Spiritual Truth, to direct our every step, and to instruct us in all of our ways. We are surrendering our will to the perfect will of God for our lives, and we are freely submitting by choice, to turn from sin and iniquity and be sanctified by the truth of God's word. It is only by this act of obedience, that iniquity will not have dominion over us, and we can enter confidently into prayer with God knowing that He hears us.

Psalm 66:18, KJV says, "If I regard iniquity in my heart the Lord will not hear me." We should humbly ask the Lord to order our steps through His Word, as we have intentionally aligned ourselves with His will. We look to Him to illuminate to us what path to take, seeing that we have correctly positioned ourselves to make our request and receive our answer.

Daily, as we ask God to lead us, we are reminded of the fact that we must stay connected to our source through constant and consistent prayer and we must diligently study the Word of God. For in doing so, many answers will be revealed as our understanding opens up and our dependency deepens on Him for everything. Psalm 119:105, KJV says, "Thy word is a lamp unto my feet, and a light unto my pathway."

Let's Pray: Lord we thank you for everything, and we praise you right now for your goodness and your mercies toward us. We bless your high and holy name and we exalt you! We come before your presence boldly as we seek you for grace and help in our time of need. Lord, today we ask you to show us what to do, instruct us on what to say, teach us how to live and direct all of the steps that we will take throughout our lives. God, we stand by your word that declares that you are our God and we are your people. You are the Good Shepherd, and we are your sheep.

Lord, sometimes we as sheep get lost and lose all sense of direction. The obstacles and particles that appear can distract us on our paths, and we stray away from the course we were once on.

We are completely aware and Lord we confess that we need your help to get back on course and to stay on the path that you have destined for our lives. We admit that we don't know what to do and we ask that you show us, teach us, open up our eyes, unstop our ears, touch our hearts so that we may hear your instructions clearly and obey your voice completely! For your word declares in Isaiah 1:19a, NIV"

If you are willing and obedient, you will eat the good things of the land." So, we cry out to you Lord and we ask you to show us, direct us, reveal it to us, Lord, order our steps through your word is our prayer to you.

Lord, let the light of your Word lead and guide us and the empowerment of your Spirit strengthen us through this life's journey. Lord, we pray that our love for you keeps us connected to you and in the center of your will for our lives. It is in Jesus' matchless and mighty name that we pray, and we offer up glorious and high praise to you! Hallelujah, God be praised! Amen and Amen.

> *"When we ask God to order our steps, we are welcoming the Holy Spirit to lead and guide us into all truth."*

DAY THIRTEEN

Honoring Your Appointed Time

Devotional Readings: Genesis 3:8-9, Psalm 42:1-2; 2 Chronicles 7:14

> *"As the hart panteth after the water brooks, so panteth my soul after thee, O God. My soul thirsteth for God, for the living God: when shall I come and appear before God?" (Psalm 42:1-2, KJV)*

We all have a set time to come before our God, our Lord, Our Savior, and Our King. To spend time with Him in prayer, to seek his face, to pour our hearts out Him and then wait in His Presence with expectation and anticipation for Him to speak to us.

This set time may be in the morning, mid-day, evening or night. This time may have been established by you or carved out by the only available time in the busyness of your day. Whatever time of day or night it is that you have chosen as your "appointed time" with God, remain faithful to it, be consistent, make it your priority and see that no one or nothing comes in the way of the time you have set aside to seek the face of God!

It is your lifeline, it is the way you connect with your Savior and deepen your relationship with Him! When you honor your time with God, others around you will accept and respect that time as well, as they watch your dedicated and committed behavior to your personal prayer time with the Lord. In honoring your selected time on a daily basis, you are sending a message to all those who are connected to you that God is your priority!

Let's Pray: Father we bless your name, we praise and adore you. We thank you for being God! We thank you for being the Shepherd of our soul. We thank you for loving us and providing a way for us to be in a relationship with YOU! Thank you for the privilege to call you Abba Father.

Thank you for the opportunity and access to come before your presence and enter into communion with you. God, we thank you. Lord help us to always to respect our time with you. Help us to be in position at the appointed time we have set aside to seek you in prayer. Lord we love you so much, you are our desire. Father, we ask, that you draw us closer to you, reveal yourself to us in a deeper way. We desire to know you better so that we can serve you more excellently. We bless you in advance and say thank you for our intimate time together, In Jesus name, we pray, Amen!

*"You don't ever want to get to a place in God where
He is asking, "Where are You?"*

DAY FOURTEEN

Keep the Fire Burning

Devotional Reading: Leviticus 6:13-18

The fire shall ever be burning upon the altar;
it shall never go out.

(Leviticus 6:13, KJV)

In our devotional text, we see that God was giving Moses the laws concerning burnt offerings. God instructed Moses to command Aaron and his sons to make sure that the altar was set up for burnt offerings to be sacrificed on behalf of the children of Israel's sins.

The critical factor was **God commanded them never to let the fire go out on the altar** because the altar needed to be prepared to offer God sacrificial lambs at all times. They were supposed to provide a lamb in the morning and at night. And just as God did not want the fire on the altar for the burnt offerings to go out in Moses' days, He does not want the fire on the altar of our hearts to ever go out. God does not want us to allow anything or anyone to stop the fire from burning within us! But he wants us to do as the priest did in our text, and place wood on the altar of our heart every morning and every night to ensure that our fire never goes out.

We must fuel our fire daily by placing spiritual logs on the fire. The log of prayer and fasting, the log of reading and studying the Word of God, the log of worship and praise, the log of meditation and consecration, the log of spending alone time with God! We must be willing to do anything that will draw us closer to Him!

We must be diligent in doing all that we can do to keep our fire burning. We must never allow our fire for God to go out!

Let's Pray:

Lord, we bless you, and we praise you, and we exalt your high and holy name. We acknowledge that you are God and you are God alone! Today we seek to know you more, we seek and search for you O' Lord. We ask you to draw us closer to you. We desire to know YOU! Our hearts cry and desperately long for the presence of the true and living God. We praise and thank you for burning within us, thank you for the fire of your glory flaming in our hearts. Help us to do all that we can to keep the fire burning within us. God, we ask that you help us never to allow our passion for you to diminish. We will do all that we can to keep our fire for you ignited. We declare today that we will continue fueling this fire and, "Never let our fire go out!" In Jesus name we pray, thank God and AMEN!

> *"Don't allow anything to let you lose your fire. Even when you are used greatly, you must crave for the presence of God the more."*

It Is Written

Devotional Reading: Psalm 1:1-2; Psalm 119:11;
Psalm 119; 89; Psalm 119:130; Matthew 5:18; Matthew 4:4-11;
John 17:17; Hebrews 4:12

> *"For the word of God is alive and active.*
> *Sharper than any double-edged sword, it*
> *penetrates even to dividing soul and spirit,*
> *joints and marrow; it judges the thoughts and*
> *attitudes of the heart." (Hebrews 4:12, NIV)*

1 Timothy 3:16-17, NLT says, "All Scripture is inspired by God and is useful to teach us what is true and to make us realize what is wrong in our lives. It corrects us when we are wrong and teaches us to do what is right. God uses it to prepare and equip his people to do every good work." The word of God is the will of God!

God honors His word and will perform everything He has written in His Word. As an effective, powerful Intercessor we must carefully search the scriptures. We must read, study, meditate, memorize and apply the word of God to every area of our life. To victoriously defeat the enemy, you must have knowledge of the Word of God and an arsenal of scriptures that specifically target the situation and circumstances that you are encountering.

During prayer, when you pray God's Word, you release His will, His power, and His authority. God honors His Word and will fulfill everything that is recorded in it! (Psalm 138:2; Jeremiah 1:12, KJV)

The enemy, the atmosphere, your body, your children, your finances, everything will respond to the Word of God! The sent Word of God will heal across the country as you pray according to Isaiah 53:5, KJV and proclaim that "we are healed because the bible says" He paid the price for our healing! So, we say as believers, "It is Written," that "we are healed!"

The Word of God is powerful, it is active, and it is alive! It is the living, life changing, and devil defeating Holy Word of God.

When the enemy attempted to tempt Jesus, He applied the written Word of God. He used the Weapon of the Word and defeated the enemy with every attack according to Matthew 4:4-11, KJV.

We must apply the word of God and war in the spirit with the "sword of the spirit, which is the Word of God." (Ephesians 6:17, KJV)

We must fight in prayer at times, but when we use our weapons effectively, we will always win!

Know this my brothers and my sisters, "God's word is forever settled, and it must come to pass." (Psalm 119:89, KJV)

Let's Pray: Lord, we praise you, and we glorify you. You are our Master, our Savior, and our Lord! We honor and reverence your High and Holy name! We thank you for your Word, O'mighty God that you are! Lord, we ask that you give us a deeper desire and love for your Holy Word. We ask that you give us revelation of your Word. Help us to retain your Word and hide it in our hearts so that we are pleasing in your sight.

Lord help us to apply your word appropriately and battle in the spirit as you have equipped us to do. God, we thank you for your Word that brings life!!! Thank you for your word that brings hope, healing, restoration, insight, faith, and peace.

Thank you for your Word that reminds us of every promise you have given us. Lord, we thank you, for the authority and the consent to be able to declare, "IT IS WRITTEN!" We seal this prayer in the mighty and matchless name of Jesus Christ, and we say amen and amen!

> *"When we use our weapons in prayer effectively, we will always win!"*

He Is My Satisfied Portion

Devotional Reading:
Psalm 73:26; Psalm 91:16;
Psalm 107:9; Psalm 119:57

> ***"My flesh and my heart may fail, but God is the strength of my heart, and my portion forever."***
>
> ***(Psalm 73:26, NIV)***

Although sometimes we may feel uncertain about life and all that it brings from day to day. At times perhaps, our courage and strength may weaken due to the cares of this life, the trials and tribulations we may encounter, and the fiery darts that continuously come to attack and oppose our faith.

It is in those time that we are reassured by the Word of God that, "He is the strength of our heart, and our portion forever!" He is El-Shaddai, our Nourisher, our Sustainer, our Powerful, Al- Mighty and Sovereign God! He lifts our heads up and causes us to stand firm as He fills us with His Presence, as we seek for Him through prayer, worship and the empowerment of His word.

Psalm 107:8-9, NIV reads, "Let them give thanks unto the Lord for his unfailing love and his wonderful deeds for mankind, for he satisfies the thirsty soul, and fills the hungry soul with good things."

The Psalmist is expressing the fact that through his knowledge and relationship with God, there is fulfillment, and satisfaction that can only come from knowing Him. He recognizes that only God can quench the very longing in his soul!

The Psalmist clearly understood that only the Lord could give him exactly what he needed and then allow him to be totally satisfied.

As our Provider and Good Shepherd, God promises that we will never want for anything that we need. When we are hungry he feeds us through His Word when we are thirsty He gives us to drink from His cup that will never be empty.

Even when we are in dry places and walk through our spiritual wastelands, He can replenish us and overshadow us as He draws us into the secret place of His Presence and restore, revive and refresh us. Due to His unfailing love, He gives us everything that we need in abundance to live life through Him.

When we reach the end of this life on earth, the promise yet remains that He is our, "satisfied portion." Psalm 91:16, NIV says, "With long life will I satisfy him, and show him my salvation." The promise declares that we are going to have a long life! We are going to live eternally! We will be in the presence of our Creator, our Master, and our King!

Jesus said to Martha in John 11:25-26, NIV, "I am the resurrection and the life.

Whoever believes in me, though he were dead, yet shall he live. And whoever lives and believes in me shall never die." Do you believe this?" Do you believe that He is your, "satisfied portion forever?"

As born-again believers we have the blessed hope that we are going to heaven! We are going to be with our Father, forever and ever. "His name will be on our foreheads. We will see His face. There will be no more night. We will be like the Angels in heaven" according to Revelation 22:4-5, NIV. Throughout eternity He will be our portion and satisfy us eternally!

Let's Pray: Father we give you glory, and we shout Hallelujah, to the King of Kings and the Lord of Lords! We give you praise and adoration. We love you with our whole hearts, and we honor your holy name. Thank you for being a great and mighty God. Thank you for loving us and saving us and being our satisfied portion forever. Thank you, God, for giving us what we need now and throughout all eternity. Lord, we bless your high and majestic name. We honor and adore you, and we ask you to help us live a life that you are pleased with. Help us to love and obey your word. Help us to be ready when you return for your glorious church. Lord, we believe that you are coming back; we believe that you are the resurrection and the life. Lord we believe!

So, we stand on your promise that even when we pass from this life to death that we will live forever with you! So, we give you all the honor, all the praise and we say thank God and Amen!

"As our Provider and Good Shepherd, God promises that we will never want for anything that we need."

DAY SEVENTEEN
He Is God Over Everything

Devotional Readings: Genesis 1:1, Psalm 24:1-2, Psalm 89:11, John 1:3

> *"The earth is the LORD'S, and the fulness thereof; the world, and they that dwell therein."*
> *(Psalm 24:1, KJV)*

The entire earth, moon, stars, planets, above the sea, beneath the sea, everything that is in this Universe, belongs to God! He is the Creator of it all! Genesis 1:1 says, "In the beginning, God created the heavens and the earth." John 1:3, KJV says, "All things were made by Him; and without Him was not anything made that is made."

Today we acknowledge, respect and confess the universal supremacy of God! He is God over EVERYTHING! The scripture records that not only is the "earth the Lord's, but the "Fullness thereof," meaning that everything in the world, and ALL that the world contains, NOTHING being left out, belongs to God! (Psalm 24:1, KJV)

Every man, woman, boy, girl, plant, and animal living in this world, from the beginning of time until time is no more, belongs to God! The ending of the scripture says, "and THEY that dwell therein." Every living being is a part of the, "they," and thereby qualify us as God's exclusive possession, His created beings and the work of His Mighty hands.

Knowing that He is God, and He is God over everything grants the believer an unexplainable peace that declares no matter what is going on in my family, my body, my finances, my job, my community, my nation or my world, MY GOD IS IN CONTROL! He rules, and he reigns over everything!

As the song says, that many of us have sung in times past, He's got the whole world in His hands."

Let's Pray: Father, we thank you, and we bless your glorious name! We exalt you with the fruit of our lips, and we acknowledge who you are. You are Alpha and Omega, You are the Lion of Judah, You are the High and Lofty One, You are Almighty and All-Powerful. You are the Creator of the Universe and the sustainer of my soul. You are my joy, my peace, my healer, my strong tower, my help, my keeper and my provider! You are everything that I need, and you are more than enough. You are my Shepherd, and I will never want or lack for anything. You rule and reign over my entire life. You, O'God are in control, and there is nothing that I fear. My life is in your hand, and my hope is in You and You alone. I stand in agreement with your Word that You are God over EVERYTHING! Everything that I am facing now or will ever encounter in my future, You rule over. I thank you Lord because through You I am victorious. I thank you because I always win, I thank you, because I always come out triumphantly and with a shout, I thank you, that you are my God and I am your daughter, your son, your servant, your handmaiden, your vessel, your chosen one. I humble myself at your throne, and I say thank you for being God, my God, the Holy God of Israel. It is in Jesus' name that I pray, Amen and Amen!

"God rules, and He reigns over everything!"

DAY EIGHTEEN
Teach Me Lord

Devotional Reading: Job 6:24, Job 34:32,
Psalm 25:24, Psalm 34:11, Psalm 86:11,
Psalm 119:12

> *"Teach me thy way, O Lord, I will walk in
> truth: unite my heart to fear thy name." (Psalm
> 86:11, NIV)*

Teach me, instruct me, impart knowledge, understanding, and wisdom to me was David's plea to God in Psalm 86:11, NIV, **"Teach me thy way, O' Lord**, I will walk in your truth: unite my heart to fear your name."

David's passionate request was directed to the God with whom he loved and served. His cry was so intense, as ours should be today. A cry to the Lord that is earnest and sincere and resonates the longing to be taught the ways of God, the will of God and the word of God! David wanted to know God, and he wanted to know what God required of him so that he could walk in obedience.

When we have a longing to please God, we will crave for the understanding of the Word of God. We will want our walk, our talk, our decisions, our responses, our giving, our living, we will want everything that we do to be pleasing in the sight of the Lord and in alignment with His will for our lives. And so, our cry to God should be as the Psalmist records in Psalm 119:12, KJV, "Blessed art thou O' Lord, teach me thy statutes."

Job 34:32, KJV says, "That which I see not, teach thou me; if I have done iniquity, I will do no more." When God shows us areas that we can't see that is displeasing to Him, we should be willing to repent and walk according to His will and His way.

Our response should be, "We will obey your word! We will keep your commandments. We will honor your laws and statutes.

Teach me Lord, is our petition, which we bring before you Lord today. Even the things that we don't know, the things that we don't see, the things we haven't even thought of, Lord reveal it to us through your Word so that we can live a life free from intentionally sinning or walking in iniquity.

Let's Pray: Lord we bless you, and we thank you for being a loving Father, a compassionate Shepherd, and our All-Powerful, All-Mighty God! We honor and adore your name, and we love you. We ask that you teach us the things that you would have for us to know in this day and this hour. Reveal your will to us and instruct us in your commandments. God grant us wisdom and understanding that we may obey and represent you in all the earth. God, teach us how to love you better, show us how to please you more, teach us how to love like you love and give as you gave.

Lord, teach us how to walk upright and humbly before You, teach us your code of conduct, your standard for our living, your rules and regulations. Lord, teach us, and we will obey, we will submit, we will surrender, and we will give you a complete and committed YES! Yes, to your will and yes to your WORD!

Teach us Lord, in Jesus' name we pray, Amen and Amen.

"When we have a longing to please God we will crave for the understanding of the Word of God."

I Am Not Ashamed

Devotional Reading: Psalm 119:46; Mark 8:38; Romans 1:16; 1 John 2:28

> *"I will speak to kings about your laws, and I will not be ashamed."*
>
> *(Psalm 119:46, NIV)*

What an honor it is to be called a Christian, an obedient follower of Jesus Christ and a keeper of His Word. One who unashamedly professes that they are His mouthpiece in the earth today to declare His laws and His ways before all humanity.

The Psalmist said in Psalm 119:46, NLT, "I will speak to kings about your laws, and I will not be ashamed." He proclaims that he is prepared to stand before those that hold high offices in our society and declare the truth that God has revealed to him. The truth that undoubtedly, he has experienced himself. The truth that Jesus speaks about when He says, "And you shall know the truth, and the truth shall set you free!" (John 8:32, NLT) The truth of His Word can set us free and offers the gift of Salvation to anyone and everyone who will believe!

When you are empowered by the truth of God's word you will never be ashamed of this Great Gospel! You will never be afraid to proclaim it to anyone. When you have experienced and can testify that God's word has the power to set men and women FREE, there isn't anyone that you will withhold this incredible information from. That is what fueled Paul's, and the other disciple's fire of evangelism and moved him to declare fiercely in Romans 1:16, KJV, "For I am not ashamed of the gospel of Jesus Christ for it is the power of God unto salvation. To everyone that believeth; to the Jews first and also to the Greek."

So, with boldness and courage, without shame and without fear do we declare God's word! We speak His truths! We proclaim His teachings!

We stand resolutely upon His precepts, for His word is TRUTH! (John 17:17, KJV) So, repeat this declaration with me aloud as we speak it into the atmosphere and dismantle and immobilize every demonic formation of any type that comes to oppose our stand, say with me now, *"I am not ashamed of the Gospel of Jesus Christ!"*

Let's Pray: Father we honor and adore your High and Holy name. We magnify and glorify you for your love and kindness toward us. Holy Spirit we thank you for empowering us to speak the word with clarity and understanding to all men everywhere! We thank you for wording our mouths and using us as vessels to deliver this life-changing word.

We thank you for courage and boldness to speak what you have said according to the Word of God! Lord help us to love what you love and hate what you hate. Help us to keep your commandments and represent the God of our salvation. Father, we thank you for changing our lives, we thank you for calling us out of sin and into right relationship with you, and we declare on today that we will not compromise this great gospel under any circumstances or threats.

We will stand as soldiers for you and will not surrender to the pressure of man to conform to the world's distorted views and opinions.

God, we want to be found as faithful servants when you return. Help us to walk worthy of YOU! Help us to stand in this day and this hour, fully persuaded that you sent your Son to die on the cross and shed His blood for the atonement of our sins. Who himself was resurrected from the dead and is presently sitting on the right side of God interceding for us, and will one day return for His glorious bride, that has prepared herself for Him! Lord, we thank you, and we praise you. It is in Jesus' name we pray. Amen.

"What an honor it is to be called a Christian."

Forever Will God Look Down on Zion

Devotional Reading: 2 Chronicles 7:12-16; 1 Peter 2:10; Isaiah 59:1

> *"Once you were not a people, but now you are the people of God; once you had not received mercy, but now you have received mercy." (1 Peter 2:10, NIV)*

If you will humble yourself and seek my face, I'll hear you says the Lord." How precious is this promise of God to his people, that at their repentance, turning, humbling and surrenderance, He will then listen to us. We can rejoice over the promise, but we must remember the requirement of this promise. What is that requirement?

The requirement is if we humble ourselves, pray, seek his face, turn from our wicked ways, which means to repent, then and only then will He hear us from heaven and answer our prayer according to His will.

When we desire for God to hear our prayers, we must fully commit to living a clean and holy life before a Holy God, and those who do will have the Father's ear.

Not only do you have his ear, but also, He is pleased to answer your request.

God sees you and knows that you've cleansed your ways and have decided to put away the old things, the things that kept you from wholly and entirely going after God. His eyes are upon you, and his ears are open to you according to Psalm 34:15, KJV. God listens to those who fear Him, who honor His greatness, goodness, and power.

He has chosen you as a temple for Him to dwell in. The Holy Spirit is living in us, leading and guiding us. God does not leave us without comfort or guidance. As our Father, he will always be with us. When you live a life for God, He is not only looking at us, He is with us, in everything and in every place. His promise to the believer is that, "He will never leave us nor forsake us." (Hebrews 13:5, KJV)

In 1 Peter 2:9, NLT it says, "But you are not like that, for you are a chosen people. You are royal priests, a holy nation, and God's very own possession. As a result, you can show others the goodness of God, for he called you out of the darkness into his wonderful light.

God has called us to a life that is set apart and free from sin. We are to be God seekers and pleasers. God is pleased when you put Him first as the head of your life. He is satisfied by the yielding of your heart to live a sanctified and holy life.

Even now, He wants you to know: "I hear your prayer. I honor your sacrifice" If you keep on seeking me and presenting your body to Me, I will heal your land. I'll show myself as strong and mighty as I did to the children of Israel. "I'll show you, not just my laws, but my promises will be manifested."

We are the people of God, and He requires us to: Humble ourselves and seek His face and turn from every wicked way. When we do this God says, "Now my eyes shall be open and my ears attentive to your prayers." (2 Chronicles 7:15, NLT)

He hears when we pray. He hears when we cry and when we call out to Him." Solomon was talking about an actual temple, but today we have sanctified this house, our bodies, wherein abides the hidden treasures of God.

God's promises are always sure and knowing this should give us a desire to seek him, follow after Him, and cry out to Him,

"Anoint us again. Anoint us afresh. We need the anointing!" It is the anointing that destroys yokes and liberates the captives of sin. God has given His people great promises and blessings.

Psalm 133:3b, KJV says, "The Lord has commanded a blessing." The blessings of the Lord are sure and attainable, but we must commit our lives as living sacrifices and rest in our identity as the chosen of God.

Let's Pray: God we thank you for being our God and for calling us to a life set apart to give you glory. Thank you for the precious promise of your word that declares your eyes are open and your ears are attentive to our prayers. We bless you mighty God for in you all things are good and through you all blessings flow. God, we thank you that as we present our bodies to you as a daily sacrifice, you will fill us with glory. We give you praise for hearing the cries of your people and giving us such a sweet assurance that you will never leave us nor forsake us. God, as your chosen people we believe that as we humble ourselves and seek your face that we will see the sure manifestations of your healing and promises in our lives. We believe that we will see the expression of your glory in our nation, in our communities, in our families, in our churches and our personal lives. In Jesus name, we pray. Amen!

"I am God's chosen vessel."

DAY TWENTY-ONE

Stay Focused

Devotional Readings: St. John 3:16-17, 2
Timothy 3:1-5, Hebrews 12:2

> *We do this by keeping our eyes on Jesus, the*
> *champion who initiates and perfects our faith.*
> *Because of the joy awaiting him, he endured the*
> *cross, disregarding its shame. Now he is seated*
> *in the place of honor beside God's throne.*
>
> *(Hebrews 12:2, NLT)*

It is critical in this present day that we remain focused on the
Word of God, obedient to the will of God and correctly hear what
the Spirit of the Lord is saying to the Church today! We must stay
focused, and we cannot afford to become distracted by the lust of
our eyes, the lust of our flesh or the pride of life. We can't become
anxious or troubled by the fiery darts of the enemy, but even in
the midst of our trials, we must remain focused!

When we are facing challenges in our bodies, homes, churches, and nation, it's imperative that we keep our eyes fixed on Jesus. Regardless of what's going on around us and despite what the world is doing or saying we must look to Him as our perfect example.

Even when we are walking through the darkest seasons of our lives, we must remind ourselves that our hope and trust is in Him. Hebrews 12:2, NLT says, "We do this by keeping our eyes on Jesus, the champion who initiates and perfects our faith. Because of the joy awaiting him, he endured the cross, disregarding its shame. Now he is seated in the place of honor beside God's throne."

2 Timothy 3:1-5, NLT says, "You should know this, Timothy that in the last days there will be tough times. For people will love only themselves and their money. They will be boastful and proud, scoffing at God, disobedient to their parents, and ungrateful. They will consider nothing sacred. They will be unloving and unforgiving; they will slander others and have no self-control. They will be cruel and hate what is good. They will betray their friends, be reckless, be puffed up with pride, and love pleasure rather than God.

They will act religious, but they will reject the power that could make them godly. Stay away from people like that!"

Men and women of God, no matter who is NOT honoring the things of God, YOU must focus and individually hold yourself accountable to the standard of holiness and obedience to God. As we stay focused on the Lord and remain faithful to Him, we must also remember that we are the "Light of this world" and we are the "Salt of this earth!"

We are the ones that the Lord will use to usher a lost and dying world that is separated from Him into a restored, eternal relationship through His Son Jesus Christ! So, my brothers and my sisters, continue working for the Lord and living according to His statutes always expectantly anticipating His return!

Let's Pray: Father, we thank you for this opportunity to bring honor and glory to your name. We praise you for who you are, and we thank you for all you have done!

We acknowledge you as our Creator and our Sustainer. Lord, we humble ourselves before you, and we thank you for loving us so much. We submit to your will and way for our lives, and we ask that you help us to keep our eyes and heart focused on you. Help us to remain faithful to You. Help us to draw closer to you and build a stronger, deeper more intense relationship with YOU! Keep our feet from stumbling and our mouths from speaking things that you are not pleased with. Our hearts cry God is that we be all that you created us to be.

That we impact this world with Your love and redeeming power, that ultimately all that we say or do will bring many souls into the Kingdom of God! Lord we simply ask that You use us for Your glory. In Jesus' name, we pray, Amen!

"God is pleased when we make Him our priority."

SPECIAL THANKS

"To God be all the glory for all that He has enabled me to accomplish. I am eternally grateful to Him! Special thanks to my loving and devoted husband Johnny Davis for supporting me in everything I do. I praise God for my children and grandchildren, who are my treasures on this earth. I would like to thank Ms. Tabitha Potts and Mrs. Arnita Leonard B. Lewis for their committed effort as they journeyed with me through writing this book. Thank you to my entire family, the I Just Want God Prayer Ministry Team and followers of the ministry who pray with me on a weekly basis. Your dedication and support to the ministry is priceless!"

-Evangelist Jacquelyn Davis

Printed in the United States
By Bookmasters